AF467698

CORRESPONDANCE
DE JULIEN RAIMOND,
AVEC SES FRÈRES,
DE SAINT-DOMINGUE,
Et les pièces qui lui ont été adressées par eux.

À PARIS,
De l'Imprimerie du CERCLE SOCIAL, rue du Théâtre-Français, n°. 4.
(L'AN DEUXIÈME DE LA RÉPUBLIQUE FRANÇAISE.)

AVERTISSEMENT.

DÉTENU dans les prisons depuis cinq décades, par les dénonciations les plus perfides et les plus calomnieuses, je dois aux représentans du peuple, à tous mes concitoyens, et sur-tout à mes malheureux frères de couleur, de mettre dans le plus grand jour, ma conduite depuis les premiers jours de la révolution qui nous a rendus libres.

Pour parvenir à ce but, je me sers du seul moyen qui est en mon pouvoir, celui de rendre publique ma correspondance et toutes les pièces qui en dépendent : ensuite j'indiquerai tout ce que j'ai fait imprimer, concernant les colonies et mes frères, les hommes de couleur. En remplissant cette tâche, mon intention est de prouver jusqu'à la dernière évidence aux représentans du peuple et à mes concitoyens, 1°. que j'ai été perfidement calomnié; 2°. de faire connoître l'intention de mes calomniateurs, en défigurant mes lettres; 3°. enfin de donner les lumières les plus étendues sur l'origine des troubles de Saint-Domingue et sur les causes qui les propagent.

Je n'imiterai point la perfidie de mes ennemis, les pièces originales de ma correspondance sont en ma possession, et j'offre de les montrer à toutes les personnes qui désireront se convaincre qu'elles sont fidèlement dans l'imprimé et sans aucune altération. Au reste, le peu de tems que j'ai eu pour mettre l'ordre nécessaire à cet ouvrage, la difficulté de communiquer avec mon imprimeur que je n'ai vu qu'une fois, m'ont nécessité de faire imprimer sur les originaux mêmes.

Je termine, en priant mes lecteurs de lire ma correspondance avec l'attention qu'elle exige, pour me juger ensuite.

PÉTITION

AUX REPRÉSENTANS DU PEUPLE,

COMPOSANT LE COMITÉ DE SURETÉ GÉNÉRALE.

J'AI été calomnié auprès de vous, et dans un moment où les trahisons se multiplioient à l'infini, où les traîtres sembloient apostés partout pour trahir les intérêts du peuple; il étoit de la prudence et du devoir même de ses représentans, entre les mains desquels repose le salut de la patrie, de s'assurer de tous les individus, sur qui le moindre soupçon s'établissoit.

Dans ces circonstances, le vrai patriote, qui devient une victime momentanée, doit au bien public et à la sûreté générale le sacrifice de ces légers désagrémens.

Mais ensuite son devoir est de montrer avec le calme de la raison son innocence, et d'en convaincre ceux que leur devoir et la sûreté générale nécessitoient à des mesures de rigueur.

Telle est, citoyens représentans, la marche que je me suis tracée et celle que je vais suivre.

Les premieres questions qui se présentent dans la position où je me trouve, sont celles-ci.

Par qui ai-je été calomnié? Par quels moyens l'ai-je été, et à quelles intentions?

Mes calomniateurs sont commissaires d'une assemblée coloniale, qui s'est opposée aux décrets nationaux qui rétablissoient dans les droits sacrés de l'égalité, des citoyens victimes des préjugés les plus absurdes et les plus désastreux (1).

---

(1) Pour se convaincre de ce fait, il ne faut que se rappeller les actes de violence et les arrêtés incendiaires pris par l'assemblée du cap, contre le décret du 15 mai en faveur des citoyens de couleur.

J'ai été calomnié par des hommes d'une classe privilégiée dans les colonies, et qui ont tout entrepris depuis la révolution pour conserver ces mêmes priviléges.

J'ai été calomnié par des commissaires d'une assemblée coloniale qui n'a cessé depuis son origine de lutter contre le pouvoir national et de faire des actes d'indépendance (1). J'ai été calomnié par les commissaires de cette même assemblée coloniale QUI A MIS EN DÉLIBÉRATION DE FAIRE ÉGORGER tous les citoyens de couleur de la colonie (2) et qui dans tous ses actes a montré la haine la plus implacable contre les hommes de couleur.

J'ai été calomnié par des membres d'une assemblée qui a fait condamner le malheureux Ogé à la roue, ainsi que quelques-uns de ses frères, pour avoir réclamé l'exécution d'un décret de l'assemblée constituante (3).

Par quels moyens ai-je été calomnié ? Citoyens représentans, je les ai déjà mis sous vos yeux : c'est par une mauvaise foi bien réfléchie de mes ennemis qui ont tronqué, altéré, falsifié et changé totalement le sens d'une de mes lettres, écrite depuis deux ans et demi, pour avoir occasion de me présenter sous les couleurs les plus désavantageuses ; tout cela a été fait avec un art tellement perfide, qu'il étoit impossible aux représentans du peuple d'appercevoir la trame de mes calomniateurs qui se présentoient comme les amis sincères de la révolution ; et l'astuce avec laquelle ils ont cherché à m'accoler à des hommes réputés coupables par l'opinion publique, étoit telle, que moi-même je n'ai pu la prévoir, ni parer à tems le coup qu'ils m'ont porté au comité de sûreté générale, comme je l'ai fait au

---

(1) Lisez les différens rapports faits à l'assemblée législative sur les troubles de Saint-Domingue, avant et après l'époque des décrets des 15 mai et 24 septembre 1791.

(2) Voyez la lettre du citoyen Suir, membre de cette assemblée, qui constate ce fait, et dont l'original est dans mes mains.

(3) Le décret du 24 mars 1790.

comité de marine, dont le témoignage suffira à ma justification.

Mais ce qu'il y a de plus étrange dans la conduite de mes ennemis, c'est que cette même lettre sur laquelle ils ont fabriqué leurs calomnies, étoit entre leurs mains depuis deux ans, qu'elle avoit été imprimée par ordre de l'assemblée coloniale au moment où elle fut interceptée à Saint-Domingue (1) ; que ces mêmes commissaires Page et Brulley, à leur arrivée en France il y a environ 15 ou 16 mois, se firent conduire chez moi, y revinrent plusieurs fois, y dînèrent même, firent souvent devant des témoins qui existent, mon éloge sur la morale et les principes purs que j'avois toujours prêchés à mes frères. Enfin ce ne fut qu'à l'époque où je fis paroître mes *réflexions sur les troubles de Saint-Domingue, le projet de ma proclamation* (2), *ma lettre au citoyen D***, député à la convention* ; que ces commissaires ont commencé à changer à mon égard et à repandre sourdement quelques calomnies contre moi ; mais ma correspondance entiere que je vous soumets, les pièces qui y sont jointes, celles que j'ai déposées depuis plus de huit mois au comité de marine, détruiront les inculpations vagues de mes ennemis. Vous verrez, citoyens représentans, que par-tout j'ai prêché à mes frères une soumission entière aux décrets nationaux, de mettre toute leur confiance dans la représentation nationale, de ne reconnoître d'autre autorité qu'elle ; vous verrez que dans tous les tems, j'ai recommandé l'indivisibilité des colonies avec la mère-patrie.

Vous y verrez que je n'ai cessé de répéter à mes frères

---

(1) Elle ne fut imprimée et répandue avec profusion à Saint-Domingue, que pour faire surveiller davantage les hommes de couleur et les empêcher de remplir le don patriotique dont il étoit question.

(2) Je proposois dans ces deux petits ouvrages des moyens pour faire cesser les troubles de la colonie et les conserver à la république ; ces moyens je les trouvois dans l'affranchissement graduel des esclaves, sans secousse, sans nuire, ni au commerce national, ni aux fortunes particulières ; mais un plan aussi conforme à nos principes, ne pouvoit plaire aux colons blancs, et devoit nécessairement augmenter leur haîne contre moi.

l'union et la fraternité avec les colons blancs, d'oublier toutes les injustices qu'ils en ont éprouvées pour ne s'occuper que du salut de la patrie qui les régénéroit.

Vous verrez que, loin d'avoir pressuré mes frères pour en obtenir des sommes considérables, je n'ai reçu d'eux en tout et par tout qu'une somme de 1440 liv. (1) sur tous les déboursés que j'ai faits depuis huit ans, et dont les frais seuls d'impression s'élèvent à près de 40,000 liv.; dont il reste encore à payer une solde assez considérable pour laquelle Boisrond m'a annoncé des fonds dans le convoi.

Vous verrez que toutes les dépenses où m'a entraîné la défense de la cause de mes frères, ont réduit ma fortune à plus de moitié.

Vous y verrez que j'ai été contraint de vendre mes biens au dessous de leur valeur, pour être à même de continuer à défendre la cause de mes frères. Vous m'y verrez obligé de vendre mes effets d'or et d'argent pour parer à un coup que l'assemblée de Saint-Marc m'avoit porté, en me faisant refuser des fonds de mon correspondant pour arrêter les effets de mon zèle à servir les hommes de couleur (2).

Vous verrez que j'étois si éloigné de vouloir faire des bénéfices sur mes frères, que dans plusieurs de mes lettres,

---

(1) Mille livres de Labadie, 220 liv. de Casting et 220 liv. de Boisrond. Dans une lettre de ce dernier, en date du 17 mars dernier, et déposée au comité de marine, il confirme ce fait, et dans un supplément à cette même lettre, il me mande de *lui envoyer une attestation des dépenses que j'ai faites* pour la cause de mes *frères, afin de m'en faire rembourser*. Tout cela prouve bien évidemment les faits que j'avance; de plus, je déclare et jure n'avoir reçu de mes frères, ni de personne des colonies, aucune lettre, aucun fonds ni même aucune relation, depuis l'époque du mois de mars dernier, date de leurs dernières lettres.

(2) Je peux prouver par les comptes de mon fondé de procuration à l'Amérique, que mon habitation me produisoit 55,000 liv. des colonies de revenu; que j'ai été obligé de vendre ces biens pour une somme de 326,000 liv. et enfin que cette dernière somme est réduite aujourd'hui à celle de 260,000 liv. dont j'ai été obligé de placer 100,000 liv. à fonds perdus, depuis deux ans, pour pouvoir être en état de servir la cause de mes frères. La déclaration que je viens de faire de tous mes biens pour l'emprunt forcé est une preuve de ce que j'avance ici.

je leur demandois d'envoyer en France des députés des leurs, et de faire en sorte que leurs fortunes les missent à même de soutenir les frais qu'il y avoit à faire dans cette mission.

Vous verrez surtout le soin que j'ai pris d'éclairer mes frères, pour les garantir des pièges que ne cessoient de leur tendre les ennemis de la liberté et de l'égalité, en paroissant vouloir leur bien.

C'est enfin dans ma correspondance, dans les pièces qui y sont jointes, dans celles qui sont déposées au comité de marine et des colonies, dans tout ce que j'ai fait imprimer, que vous verrez les principes purs de patriotisme et de républicanisme que je n'ai cessé de professer, de même que l'obéissance sans restriction aux décrets de la Convention.

Si delà, vous passez à la conduite que j'ai tenue en France, avant et depuis la révolution, vous me verrez abandonner en 1784, mes propriétés et une partie de ma famille pour venir en France réclamer à mes frais, contre l'arbitraire et les vexations exercées sur mes frères dans les colonies (1).

Vous me verrez ensuite sacrifier mon repos, mes jouissances et ma fortune pour le bonheur de mes frères. Vous me verrez saisir avec empressement les premiers momens de la révolution, abandonner à pure perte des objets majeurs dans le département de la Charente, où j'étois établi, pour voler auprès des représentans du peuple, me livrer tout entier à la défense de mes frères, essuyer et dévorer les mortifications et les humiliations que me prodiguoient dans leurs écrits, comme dans leurs discours, les colons blancs, députés à l'assemblée constituante (2).

(1) J'ai fait plus : j'ai amené de ce pays une jeune orpheline de six ans, que j'ai fait élever à mes dépens, et ce qui achevera de faire connoître mon cœur et mes sentimens, c'est que cette jeune personne est née esclave et fille naturelle d'un blanc fort riche qui l'abandonnoit dans l'esclavage, d'où je l'ai retirée, sans qu'elle eût d'autre titre pour cela, que d'être la filleule de mon épouse et de moi.

(2) On peut se rappeller tous les écrits offensans et humilians contre les hommes de couleur.

Vous me verrez absolument, livré et borné à cette seule affaire, ne parlant, n'agissant et n'écrivant uniquement que pour cela; et certes, cette tâche remplissoit assez mon temps et mes moyens.

Vous me verrez dans les sections des Gravilliers et des Thuileries, où j'ai habité; dans les sociétés populaires; me conduire en bon patriote offrant et donnant aux besoins de la nation, tout ce que mes moyens me permettoient de faire.

Vous m'y verrez applaudir avec transport à tous les avantages que le peuple obtenoit, parce que je sentois que les droits de mes frères ne tiendroient qu'autant que le peuple auroit reconquis lui-même tous ses droits; et c'est ce que je leur ai développé dans plusieurs de mes lettres et dans *mes réflexions sur les troubles de Saint-Domingue*: j'y faisois sentir la nécessité d'améliorer le sort des esclaves et les mener insensiblement à la liberté, ce qui est le vœu des vrais patriotes qui ne veulent laisser aucune trace d'esclavage. Eh! malheureusement, ce n'est pas là le vœu des colons blancs; qu'ils fassent leur profession de foi sur cet article! on aura la mesure de leur amour pour les principes de notre révolution, et on verra à quelle distance ils en sont encore; on verra au contraire que les hommes de couleur de Saint-Domingue, ont demandé par un mémoire déposé au comité de marine, que la convention voulût bien s'occuper du sort des esclaves. Ce mémoire, signé par Pinchinat, Savari et autres, leur a mérité d'être dénoncés au ministre de la marine, par les commissaires Page et Brulley, comme des contre-révolutionnaires qu'il falloit déporter en France.

Vous me verrez enfin dans les dernières assemblées primaires, convoquées pour accepter la constitution, être le soixantième de ma section à l'accepter, en mon nom et en celui de mes frères.

Voilà, citoyens représentans, ce que j'ai à opposer aux calomnies que les commissaires Page et Brulley ont répandues contre moi, moins sans doute pour me nuire personnellement, que pour arracher à mes frères un défenseur, qui a sacrifié ses propres intérêts pour les leurs, et pouvoir par ce moyen les égarer et les plonger dans les erreurs les plus funestes pour eux.

LETTRES.

LETTRES.

N°. 1.

Lettre de mon frère, François Raimond,

D'Aquin à Saint-Domingue, du 1er octobre 1789.

J'ai été bien surpris, en voyant la lettre de M. Laluzerne, (1) comment il a été général ici, et chargé par le ministre de voir les choses. Nous lui avons adressé des mémoires, et il veut s'en rapporter à d'autres, je ne conçois pas cela; enfin, poussez toujours, peut-être que la chance viendra. Labadie a écrit à M. Necker; vous êtes à Paris, tâchez de lui parler, ses ouvrages respirent l'humanité et annoncent un homme d'un accès facile aux opprimés.

Aux mots d'opprimés et d'humanité, les troubles de la France sont donc parvenus jusqu'ici, les blancs ont arboré la cocarde, cela n'a pas été, comme vous imaginez, sans quelques troubles et du sang répandu entr'eux (2), tout est dans

(1) J'avois en 1785 et 86 adressé plusieurs mémoires au ministre de la marine, pour réclamer contre les vexations et les injustices exercées envers les hommes de couleur. Ces mémoires avoient été adressés par le ministre au gouverneur de Saint-Domingue, Laluzerne, pour avoir son avis : celui-ci ne décida rien, malgré les mémoires qu'il reçut des hommes de couleur, et de retour en France, parvenu au ministère, chargea le gouverneur qui le remplaça à Saint-Domingue de lui donner son avis. Voilà de quoi il se plaint.

(2) Voilà une preuve de ce que j'ai dit dans tout ce que j'ai écrit sur les colonies, que les premiers troubles de la colonie ont commencé par les blancs, qu'ils ont été les premiers à verser le sang entr'eux, et que leur impolitique et leur peu de précaution avoient donné lieu à des mouvemens parmi les esclaves.

l'ordre ; mais le plus terrible sont les noirs, qui entendant que la cocarde est pour la liberté et l'égalité, ont voulu se soulever. On en a conduit plusieurs à l'échafaut dans les grands quartiers, cela a tout appaisé. Grand Dieu ! faut-il que notre intérêt nous force de soutenir la mauvaise cause, et d'applaudir aux actes d'inhumanité exercés envers ces malheureux ?

Nous avons adressé un mémoire à M. Necker ; outre la lettre que nous avons écrite, nous vous recommandons de le voir, et de tonner aux états-généraux, en disant que nous n'y avons pas de députés, et que tout ce que pourroient demander les députés blancs, ne doit pas faire loi pour nous, attendu qu'il y a dans Saint-Domingue deux classes bien connues, les blancs et les gens de couleur ; il faut leur rompre en visière, puisqu'ils ont porté le mépris jusqu'à ce point.

Dans une nouvelle constitution, chaque classe doit avoir ses représentans, sans quoi la classe qui n'a pas eu des représentans est censée n'avoir pas consenti à ces loix : nous n'avons pas chargé MM. les députés blancs de nos pouvoirs ; ils demandent par un imprimé que nous avons eu ici, des loix où nous restions dans l'avilissement. Non, nous ne souffrirons pas cela. Nous voulons être traités comme tous les autres citoyens, ou il fera beau jeu dans la colonie (1) ; tous les esprits sont montés à ce point ; lorsque la cocarde est arrivée ici, les blancs l'ont arborée et ont voulu défendre aux gens de couleur de la porter : ceux-ci au nombre de 4000 ont été trouver le général, lui demander s'ils étoient regardés comme ennemis ou amis des François ; le général leur a demandé, pourquoi

---

(1) On voit par ce passage combien l'esprit des hommes de couleur étoit monté, et qu'il n'y a eu que la morale que je n'ai discontinué de leur prêcher, qui les a contenus, sur-tout dans la partie du Sud où j'ai le plus correspondu.

cette demande ? c'est parce que les blancs s'avisent de nous défendre de porter la cocarde nationale. Tout de suite le général et l'intendant ont donné ordre que les gens de couleur pourroient porter la cocarde. Tous les blancs craignent dans ce moment que les gens de couleur ne se mettent à la tête des noirs, pour les faire révolter ; ce n'est pas leur sentiment, il s'en faut bien, mais les blancs cherchent cela en voulant trop tenir cette classe dans l'avilissement et les rapprocher des noirs. Voyant les choses à ce point, le comité blanc des Cayes, vient de nous appeller : j'ai été nommé député pour m'y présenter et parler au nom de mes compatriotes ; je vais leur dire, *que nous voulons adresser nous-mêmes nos doléances aux états-généraux, et non sous leurs auspices.* Je vous dirai l'effet de tout dans une autre lettre ; les momens sont trop précieux ici.

N°. 2.

Lettre du même.

Du Fonds, le 16 décembre 1789.

Voici, mon cher frère, une requête pour être présentée à l'assemblée nationale, relativement aux vexations qu'on exerce sur notre classe ; ci-jointe aussi une copie de la lettre que M. Belin Duverger a écrite à M. Gentilot, habitant du Fonds, membre du comité, qui fait le rapport de ce qui s'est passé à notre égard. Examinez bien cette lettre, malgré l'animosité que les blancs portent aux gens de couleur et qui cherchent toujours à les noircir, lorsque l'on verra la demande juste que nous faisions à l'assemblée, consignée dans cette lettre, on aura peine à croire à leur méchanceté de nous traiter de rebelles ; leurs chambres de comité *se disent ici correspondantes de l'auguste assemblée nationale* (1), et elles condamnent ce qui fait la base de cette assemblée. A-t-elle jamais dit à ceux qui réclamoient contre les préjugés, qu'ils étoient rebelles ; les poursuivre comme des pervers, violer les droits du citoyen, en allant la nuit fusiller un homme dans sa demeure (2) ; et chez les autres, qui étoient absens, insulter leurs épouses et se saisir de tous leurs papiers, les commenter à leur fantaisie pour les faire périr ; enfin ma correspondance avec vous est un crime, et encore plus la lettre de M. de Jarnac (3), en disant que nous parlons des noirs ; comme si j'avois d'autre fortune que des esclaves ; certainement, il n'est pas de notre intérêt d'être philantropes. Je joins aussi la lettre que Labadie écrit à M. Rey, vous verrez par-tout, l'abomination. La lettre de M. Duverger parle d'une révolte des personnes de couleur : révolte en quoi ? on appelle révolte la force qu'on emploie contre une chose juste, approuvée par les loix ; mais ceci est bien différent, nous demandons une chose accordée par *l'as-*

(1) Voilà comment on cherchoit à tromper les hommes de couleur, en voulant leur persuader que ce qu'on faisoit contr'eux étoit de concert avec l'assemblée nationale. Et cela pour les faire agir dans le sens des colons blancs.

(2) Deuxième preuve que ce sont les colons blancs, (comme je l'ai dit), qui ont commencé les premiers troubles en allant chez les citoyens de couleur pour les égorger. On verra plus loin le récit de cette première aggression de la part des blancs.

(3) Pour ne laisser aucun doute, il faut tout expliquer aujourd'hui, sur-tout dès qu'un pareil nom se trouve cité. J'ai habité Angoulême deux ans avant la révolution. La campagne que j'habitois étoit voisine de la terre de Jarnac. Le propriétaire eut envie de me voir, parce qu'il avoit entendu parler des mémoires que j'avois présentés au ministre, il vint donc me voir chez moi, me demander mes mémoires, m'offrit de les appuyer, et écrivit à mon frère pour avoir de nouveaux renseignemens. Comme voulant lui-même s'employer dans cette affaire. Au reste, M. Jarnac n'étoit pas plus que moi de la société des noirs dont j'ignorois l'existence *à cette époque*.

semblée nationale (1), et nous sommes par cette raison traités de révoltés (2). O pays, ô mœurs, des hommes qui veulent se

(1) Par-tout on voit que les hommes de couleur ne vouloient reconnoître que l'assemblée nationale.

(2) Voici la lettre des colons qui donna lieu aux premiers troubles des colonies, assurément elle y étoit bien propre. Puisqu'un de ceux qui la *signèrent*, en convient dans le P. S. qui la suit :

Versailles, le 12 août 1789.

MESSIEURS ET CHERS COMPATRIOTES,

Nous nous empressons de vous faire passer une copie de l'avis allarmant que M. le comte de Magallon, l'un de nos collègues, nous a donné. Notre perplexité est affreuse, à la vue du péril imminent dont notre malheureuse colonie est menacée; *nous n'avons apperçu de ressource que dans la prompte convocation d'une assemblée provinciale dans chaque département* (*a*); nous en avons fait la demande au ministre. Nous pouvions nous dispenser de lui faire cette demande, puisqu'il est jugé aujourd'hui par l'assemblée nationale elle-même, que toute société a droit de s'assembler pour conférer librement des affaires communes, et qu'elle n'a pas besoin du concours de l'autorité pour cela. *Les députés de Saint-Domingue n'ont pas été élus dans des assemblées autrement convoquées, et ces députés ont été admis par l'assemblée nationale.* Nous ne nous sommes donc adressés au gouvernement que pour mettre autant que possible la forme de notre côté : le ministre nous a refusés. *Nota. Depuis notre lettre écrite, le ministre nous a fait offrir de se concerter avec nous pour l'assemblée ou les assemblées que nous lui demandons; il a également rejetté d'autres demandes que nous lui avons faites, et que nous joignons ici avec sa réponse* (*b*).

(*a*) C'est qu'avec cette assemblée on vouloit contrarier l'assemblée nationale, comme elles ont toutes fait, et arriver à l'indépendance.

(*b*) Voilà les hommes qui m'accusent d'avoir correspondu avec Laluzerne; lorsque je ne l'ai vu que deux fois, parce que les colons eux-mêmes le char-

révolter ne s'absentent pas de leurs quartiers, ni ne demandent pas avec supplique l'élargissement de leurs compatriotes.

La colonie, Messieurs, est dans un double danger également pressant. Danger au dehors; QUE VEULENT CES VAISSEAUX (a), que les papiers publics nous apprennent être sortis de l'Angleterre? danger au dedans; on cherche à soulever nos nègres. Nous voyons et nous mesurons avec effroi l'un et l'autre de ces dangers; mais principalement le dernier est vraiment d'une nature à nous causer les plus horribles inquiétudes; nous le voyons, et nous sommes forcés de nous taire: ON EST IVRE DE LIBERTÉ (b). Messieurs, une société d'enthousiastes, qui ont pris le titre d'*amis des noirs*, écrit ouvertement contre nous; elle épie le moment favorable de faire explosion contre l'esclavage: il suffiroit peut-être que nous eussions le malheur de prononcer le mot, pour qu'on saisît l'occasion de demander l'affranchissement de nos nègres. La crainte que nous en avons nous réduit malgré nous au silence: le moment ne seroit pas favorable pour engager l'assemblée nationale à entrer dans nos mesures pour nous garantir du danger qui nous menace. C'est à vous, Messieurs, à voir le parti qui convient dans une circonstance aussi critique: nous remplissons le seul devoir dont il nous étoit permis de nous acquitter; nous vous avertissons, le péril est grand, il est prochain. Veillons à notre sûreté; mais veillons-y avec prudence. C'est ici qu'on a besoin de toute sa tête: *ne réveillons pas l'ennemi*; mais ne nous laissons pas surprendre. Veillez, encore une fois, veillez; car l'assemblée nationale est trop occupée de l'intérieur du royaume pour pouvoir songer à nous. Nous avertissons de tous côtés les Américains de voler à la défense de leur patrie: sans doute la plupart vont s'embarquer; il y aura seulement quelques uns de nous qui les suivront, en attendant que tous

---

gerent de m'écrire pour des propositions qu'ils avoient à me faire, propositions, que je refusai et que j'expliquerai. Deux témoins existans, dont l'un est à la Convention et chaud patriote, l'attesteront.

(a) Il n'y en avoit aucun à cette époque dehors.

(b) Quel langage pour de chauds patriotes comme les signataires!

En

En outre, c'étoit dans une assemblée de paroisse que ceci se passoit, *qui avoit commencé par un tumulte entre les blancs ,*

---

puissent se réunir. Prenez les mesures que votre sagesse vous dictera ; observez bien les personnes et les choses ; QU'ON ARRÊTE LES GENS SUSPECTS, QU'ON SAISISSE LES ECRITS OU LE MOT MÊME LIBERTÉ EST PRONONCÉ ; redoublez la garde sur vos habitations, dans les villes, dans les bourgs ; *par-tout attachons les gens de couleur libres* ; MÉFIEZ-VOUS DE CEUX QUI VONT VOUS ARRIVER D'EUROPE (*a*). C'est un de vos plus grands malheurs qu'on n'ait pas pu, dans une circonstance aussi critique, empêcher l'embarquement des gens de couleur qui étoient en France ; nous l'avons demandé au ministre; *l'esprit du jour s'oppose sur ce point à nos désirs :* empêcher, sur notre demande même, l'embarquement des esclaves seroit regardé comme un acte de violence qu'on dénonceroit à la nation.

Courage, chers compatriotes, ne vous laissez point abattre : nous continuerons de faire sentinelle pour vous : c'est tout ce que nous pouvons dans le moment présent. Le tems viendra sûrement où nous pourrons faire mieux. IL FAUT LAISSER REFROIDIR LES ESPRITS ; CETTE CRISE NE DURERA PAS : COMPTEZ SUR NOUS (*b*).

Nous avons l'honneur d'être, avec les sentimens inaltérables de la confraternité la plus intime, mes chers compatriotes, vos très-humbles, obéissans serviteurs, les députés de Saint-Domingue. *Signés* à l'original, RAYNAUD, *président*; MAGALLON, L'ARCHEVÊQUE THIBAULT (*c*), LE MARQUIS DE PÉRIGNY, DE THÉBAUDIÈRE, DOUGÉ LE GARDEUR,

---

(*a*) Voilà l'origine des premiers massacres ; voilà le nœud gordien. On m'avoit fait des propositions, je les avois rejettées ; donc il falloit se méfier de ceux qui auroient pu aller éclairer les hommes de couleur.

(*b*) Voilà le langage de ces hommes qui veulent paroître aujourd'hui si amis de l'égalité.

(*c*) Ce l'archevêque Thibault est le même que celui que Sonthonax a fait déporter, et celui qui vient de faire une diatribe contre moi. Qu'on juge enfin l'homme qui a signé une pareille lettre. Qu'il essaie après cela d'exalter son patriotisme simulé.

qui se sont donnés le cartel tout haut, M. Tavezac et M. de Marceillan. *On nous a ôté jusqu'à la faculté de nous réunir pour faire nos cahiers de doléances et nommer nos députés.*

DE TILLY, LE CHEVALIER DE MARMÉ, GERARD, BODEKIN fils, GERALD COURVEJODLE, LE MARQUIS DE GOUY-D'ARCY.

P. S. Il est possible, et même probable, que les bruits allarmans qui se sont répandus, et qui font la matière de cette lettre, ne soient pas fondés; et, dans ce cas, il seroit fâcheux que cela fît une sensation trop forte dans la colonie, qui, indépendamment des craintes qu'elle inspireroit, pourroit peut-être donner lieu à des dangers plus réels. C'est à vous, Messieurs, à agir avec la circonspection et la prudence que votre sagesse vous suggérera; mais nous pensons qu'une sécurité dangereuse ne doit pas non plus vous empêcher d'avoir les yeux ouverts sur l'effet que pourra produire dans les colonies, la fermentation qui règne dans le royaume, et que vous ne devez négliger aucunes précautions, aucuns soins, pour maintenir l'ordre, la paix et la subordination dans votre sein; et il nous semble que le meilleur moyen à employer pour assurer dans tous les tems le repos et l'existence dans la colonie, *c'est d'affectionner à votre cause la classe des gens de couleur* (a). Ils ne demandent sûrement pas mieux que de confondre leurs intérêts avec les vôtres, et de s'employer avec zèle pour la sûreté commune. Il n'est donc question, de votre part, que d'être justes envers eux, et de les traiter toujours de mieux en mieux. *Nous regardons cette espèce comme le vrai boulevard de la sûreté de la colonie.* Vous pouvez les assurer que vos députés, qui sont aussi les leurs, s'emploient avec zèle auprès de l'assemblée nationale pour l'amélioration de leur sort, et pour leur procurer la juste considération qui est due à tout citoyen qui se comporte honnêtement (b). Certifié conforme à l'original, *signé*, MILLET.

N. B. Ce *post-scriptum* est de M. Gerard.

(a) Loin d'avoir suivi ce sage conseil, les colons ont agi dans un sens tout-à-fait contraire.

(b) Voilà comme ils trompoient les hommes de couleur.

Les comités forcent les personnes de couleur, les unes après les autres, d'approuver les députés blancs, et souscrire pour une somme de tant chacun, pour leur entretien (1). Voilà où en sont les choses dans ce beau pays. Tout va bien chez vous, au tems près qui est fort sec. Adieu, bonne santé, votre ami et frère,

F. RAIMOND.

J'embrasse ma chère mère.

N°. 3.

Instructions envoyées aux Citoyens de couleur de la Colonie de Saint-Domingue, dans la partie du Sud, après le décret du 24 mars 1790, par J. Raimond.

Dans le cas où les colons blancs feroient quelques difficultés aux citoyens de couleur, sur le droit qui leur est accordé par l'article 4, des instructions données par l'assemblée nationale aux colonies (2).

Que ces difficultés fussent ou pour exclure les citoyens de couleur des assemblées primaires, ou y gêner leurs suffrages, ou enfin de rejetter les réclamations qu'ils auroient à présenter à l'assemblée nationale. Voici ce qu'ils auroient à faire.

1°. Les citoyens de couleur ne devant dans aucun cas se départir du zèle, de la patience et de la douceur qui les carac-

---

(1) Ces cinq lignes font suffisamment connoître la conduite des blancs. Comment les citoyens Pago et Brulley peuvent-ils m'imputer à crime d'avoir demandé de l'argent à mes frères pour suivre leurs affaires ici, lorsque les blancs les forçoient d'*en donner* pour travailler contr'eux?

(2) Article 4 « des instructions immédiatement après la proclamation et l'affiche du décret et de l'instruction dans chaque paroisse, TOUTES LES PERSONNES, âgées de 25 ans accomplis, propriétaires d'immeubles, ou à défaut d'une telle propriété, domiciliées dans la paroisse, depuis deux ans, et payant une contribution, se réuniront pour former l'assemblée provinciale. »

Or, ici, on ne peut nous disputer que nous ne soyons *des personnes*, par conséquent devant assister et voter aux assemblées primaires.

térisent, pour maintenir sur-tout la tranquillité et la police dans la colonie, doivent donc tout souffrir pour y parvenir ; en ce cas ils laisseront faire aux blancs tout ce qu'ils voudront, hors le cas seul qui ne peut se présumer, de livrer la colonie à une puissance étrangère. Pour en empêcher, les citoyens de couleur doivent sacrifier leurs vies et leurs fortunes.

2°. Aussitôt que les citoyens s'appercevront qu'ils sont lésés de l'une des manières quelconques, ils se retireront paisiblement chacun chez eux, et quatre des notables parmi eux seront choisis dans chaque quartier, pour aller chez tous en particulier, leur faire prêter le serment ci-après.

« Nous jurons, sur nos vies et sur nos biens à Dieu, à la » nation et au roi, 1°. De ne troubler en rien ni d'aucune » manière la tranquillité publique ; de maintenir au contraire » de toutes nos forces, la police intérieure des esclaves selon » les ordres qui nous en seront donnés. 2°. De nous soumettre » et d'adhérer d'avance à la constitution et aux loix que nous » donneront les représentans de la nation, constituée sous le » titre d'assemblée *nationale*. 3°. De continuer à souffrir toutes » les vexations personnelles qu'on pourroit nous faire jusqu'au » moment où les décrets de l'assemblée nationale nous par» viendront, de sacrifier au contraire nos vies et nos fortu» nes, pour conserver à la nation et au roi cette colonie.

« Qu'en faisant ce serment et le déposant entre les mains » des administrateurs des colonies, nous reconnoissons et » nous sommes persuadés que l'esprit de justice et d'équité qui » dirigent l'assemblée nationale ne peut que nous faire obtenir » d'elle une constitution absolument semblable à celle donnée » en France.

« Que quant à nos esclaves, nous supplions l'assemblée » nationale de vouloir bien prendre en considération, qu'ils » sont notre propriété acquise sous la sauve-garde des loix ; » mais en même-tems que nous sommes incompétens pour » faire des loix pour eux, et de prononcer sur leur sort ».

Ce serment qui sera fait et signé dans chaque paroisse par tous les habitans de couleur citoyens actifs (1), avec le nom de ceux qui ne sauroient signer, sera envoyé aux administrateurs de la colonie, avec une supplique pour les prier de vouloir l'adresser à l'assemblée nationale.

A ce serment sera jointe aussi une adresse à l'assemblée nationale, pour la supplier de vouloir décréter, que puisque les citoyens de couleur n'ont pu concourir au plan de constitution qui lui sera présenté par l'assemblée coloniale, il y aura pour cette fois pour Saint-Domingue trois députés à l'assemblée nationale des citoyens de couleur, pour y faire connoître les réclamations de cette partie des citoyens.

Voilà ce qu'il faudra faire dans le cas des difficultés prévues plus haut, et ne point s'en écarter surtout pour ce qui concerne la tranquillité publique.

Dans le cas contraire, comme nous avons lieu de l'espérer, que les blancs suivront l'esprit et la lettre des instructions données aux colonies et qu'ils ne feront pas de difficulté d'admettre *tous les hommes* comme citoyens actifs avec les qualités qui sont nécessaires alors, il faut demander à prêter serment de fidélité. Après ce serment prêté, les plus expérimentés s'assembleront pour former les cahiers de doléance qui doivent être peu chargés et doivent se réduire à ceci.

1°. Que vous demandiez que toutes les charges d'impôts de la colonie soient également réparties sur tous les libres indistinctement.

---

(1) Dans le corps de l'instruction il est dit : « *Tout homme*, propriétaire » d'immeuble, ou à défaut domicilié depuis deux ans et payant une contri- » bution, sera *citoyen actif*. »

On ne peut d'après cette dénomination, *de tout homme*, disputer que nous ne soyons citoyens actifs, lorsqu'avec la qualité d'homme nous joindrons les autres qualités de propriétaires d'immeubles ou domiciliés depuis deux ans, et payant une contribution.

2°. Que tous les libres sans distinctions et sans exclusions que leurs incapacités et le défaut de mœurs, puissent parvenir à tous emploïs quelconques, en un mot la même constitution que celle déjà donnée à la France pour tous les libres de la colonie.

Laissant à la sagesse de l'assemblée nationale de prononcer sur le sort des esclaves, et sur le commerce prohibitif de manière à concilier les propriétés des habitans et les avantages de la métropole.

Ces cahiers faits, vous vous rendrez aux assemblées primaires, où il faudra sans fiel, sans chaleur même, mais avec décence et honnêteté, donner vos voix pour celui d'entre vous que vous croirez le plus propre et le plus capable de remplir vos vœux. Mais la prudence exige que vous nommiez toujours un homme de couleur pour votre électeur, afin de pouvoir balancer les voix des blancs et leur projet, s'ils en avoient de contraire à vos réclamations.

Je ne doute pas en suivant l'esprit et la lettre des instructions, que vous n'ayez au moins autant d'électeurs que les blancs et même plus. Mais il ne faut pas vous en prévaloir, au contraire montrez toujours de bons procédés et de la générosité dans toutes vos actions, qui forcent enfin les blancs à vous rendre justice. On est bien fort quand on est toujours juste.

Enfin je suppose que l'assemblée coloniale soit composée de plus de citoyens de couleur que de blancs; déclarez-leur alors avec générosité que vous ne voulez ni ne prétendez nuire aux sages délibérations qu'elle pourroit prendre, mais que vos vœux se bornant seuls aux articles de votre cahier de doléance et à avoir un seul ou deux de vous, députés à l'assemblée nationale, afin d'être sûrs que vos vœux et vos justes réclamations lui soient présentées; que la conduite des députés actuels à votre égard, vous nécessite à cette précaution; et qu'à l'exception seule du respectable M. Gérard, tous ont cherché à éloigner de l'assemblée nationale toutes vos réclamations ; et que tandis qu'ils promettoient tout appui de leur part pour vous, dans leurs lettres à leurs commettans ; ils faisoient au contraire tout pour vous nuire et perpétuer le préjugé injuste contre lequel *vous réclamez*.

Telle est la marche aussi sage que prudente que je vous exhorte de suivre, mes chers compatriotes, et vous prouverez aux blancs que vous n'avez jamais eu que l'envie de détruire un préjugé qui nuisoit autant à la sûreté des blancs même, qu'il étoit injuste et tyrannique à votre égard (*a*).

Paris, ce 10 avril 1790.

RAIMOND.

N°. 4.

Lettre de Louis Boisrond.

Du 27 juillet 1790.

Nous sommes obligés de contenir (1) *les hommes de couleur, pour éviter un bouleversement peut-être même incendiaire.*

Mais j'ignore lequel des deux corps de citoyens qui composent la colonie, doit être, dans la circonstance, regardé comme le plus sage, ou de celui qui voulant envahir toute autorité, faisant tous les jours des actes de souveraineté et de scission, voulant faire subir à la colonie un joug plus insupportable que celui qu'on cherche à détruire, par des démarches marquées au coin de l'indépendance (2) *; nous don-*

(*a*) Est-ce là le langage d'un homme qui veut faire insurger ses frères ? Si les colons blancs eussent donné à leurs commettans de pareilles instructions, ils eussent évité tous les malheurs que j'ai cherché à prévenir.

(1) Nouvelle preuve que la morale que je prêchois à mes frères, *a retenu leur ressentiment.*

(2) Qui peut douter d'après cela, et tout ce qu'on verra par la suite de ma correspondance, de l'intention des colons blancs, pour l'indépendance ?

nant le nom d'ennemis du bien public, ne cherche que les occasions de nous vexer ; ou de celui qui, par la pétition que je vous ai remise, se déclarant dans la ferme résolution de sacrifier ses biens, sa vie, pour conserver la monarchie française, gémit du trouble et de l'anarchie.

Oui, dites au roi et à l'assemblée, qu'entièrement voués au serment que nous lui avons prêté d'être fidèles, nous ne pouvons lui en donner une preuve plus authentique, que celle de sacrifier notre ressentiment à la tranquillité nécessaire pour attendre la régénération future ; et que, pénétrés du même désir de leur être agréables, nous les supplions de prendre notre résolution en considération, en faveur du motif, et comme une marque intime et sacrée de notre entier dévouement et de la ferveur de notre patriotisme.

Si quelques uns des nôtres (1), *dans différents quartiers, ont été réfractaires à cette résolution, c'est qu'il n'est pas toujours possible de souffrir les vexations impérieuses des blancs, qui s'arrogent le droit de nous régir par des voies qui ne sont pas du tout légales.*

Voyez le discours de M. Bacom de la Chevalerie, nommé par une cabale premier président de l'assemblée de Saint-Marc : il commence à peindre les habitans de Saint-Domingue (ce ne sont que les blancs qu'on comprend sous ce titre) *conquérans libres et indépendans.* Il veut, dit-il, nous remettre dans notre ligne de démarcation, pour que nous en imposions au déréglement de nos idées, et qu'à force de vertus, nous soyons à la fin des siècles, inscrits sur la liste des bons citoyens, et, dès à présent, délivrés des humiliations arbitraires.

Ce qu'on appelle ici déréglement de nos idées, *c'est notre*

---

(1) Nouvelle preuve que les hommes de couleur n'ont pas été les agresseurs et qu'ils avoient pris la résolution de rester tranquilles, d'après ce que je leur ai toujours recommandé.

représentation

représentation à l'assemblée nationale ; et notre entier dévouement au roi dont nous attendons tout (1). On nous refuse toujours ici le nom de citoyen ou d'habitant: on ne veut nous reconnoître que sous la dénomination de gens de couleur, ou celle injurieuse d'ennemis du bien public ; et nous sommes les plus tranquilles et les plus patiens de la colonie ; mais, quant aux humiliations arbitraires, jamais encore on n'en a tant éprouvées.

La formation de cette assemblée de Saint-Marc, et le génie qui la gouverne, ont entraîné bien des abus.

La catastrophe et l'incendie du Fond-Parisien (2), dont vous devez être instruit du détail, par lequel vous aurez vu que la raison et le choc ont tous été en faveur des nôtres.

L'appel de M. le général qui, entouré de nos ennemis, a protesté qu'une lettre circulaire, en date du 25 octobre dernier, adressée aux commandans des paroisses, et contenant des instructions favorables aux gens de couleur libres, comportoit des maximes qui ne pouvoient être adoptées ; et a déclaré à l'assemblée par la franchise, dit-on, d'un chef patriote, qu'il n'avoit signé cette lettre que d'après sa confiance en M. de Marbois (3).

La conséquence que vous en devez tirer, et celle réelle qui existe ici, c'est, que ce qu'on appelle patriotisme à Saint-Domingue, est la réunion des colons françois contre et pour la destruction *des colons américains* (4). La réunion des premiers se sert de l'anarchie où nous sommes, pour vexer les derniers, qui répètent avec franchise :

---

(1) Je prie le lecteur de ne pas perdre de vue qu'à cette époque un pareil langage étoit constitutionnel.

(2) On trouvera dans une note suivante le récit de cet événement.

(3) Qu'on se rappelle ce que j'ai dit dans mon dernier mémoire, relativement à la manière dont le gouvernement s'y prenoit pour endoctriner les hommes de couleur.

(4) C'est la qualification que s'étoient donnée les hommes de couleur depuis la révolution.

O juste et bienfaisant Louis XVI ! n'as-tu donc provoqué la justice de la nation, que pour nous laisser en proie à nos oppresseurs ?

Mais il semble que dans ce moment le pouvoir exécutif, le représentant du roi, veut faire un dernier effort en faveur de la protection qu'il doit aux malheureux. Je vous envoie ci-incluse la correspondance imprimée de M. le comte de Peynier avec l'assemblée de Saint-Marc.

Les quatre premières lignes de sa lettre du 13 mai ont répandu sur toutes nos ames, une grande satisfaction ; et l'attente du bonheur dont on croit appercevoir l'aurore depuis que par l'approbation de l'assemblée provinciale du nord, dans son imprimé du 17 mai, il semble naître une espèce de conflit entre les différents pouvoirs qui, jusqu'ici, s'étoient réunis pour nous vexer.

L'assemblée de Saint-Marc persuadée que, fidèles au roi, les colons américains, déja trop vexés par elle, embrasseroient aisément le parti du général, a vu d'un œil consterné la résolution qu'il a prise de manifester ses intentions par la correspondance qu'il vient de faire imprimer.

Aussi, par sa réponse du 24 mai, l'assemblée de Saint-Marc commença-t-elle à s'étayer de pouvoirs illimités et de la confiance de tous les habitans de Saint-Domingue ; ce qui est apocryphe et de la dernière fausseté, puisqu'il y a plus de 20 mille colons américains qui n'y sont point représentés, qui n'y ont point parlé, qui n'ont rien signé. Hé ! comment trouvez-vous la menée de cette assemblée qui veut rendre M. le général personnellement responsable de tous les malheurs qui pourroient résulter pour les habitans, de l'oubli de ses sermens et de la protection qu'il semble vouloir donner *aux ennemis du bien public* (1). La vraie signifi-

(1) C'est la qualification que les blancs aristocrates donnoient, comme on a vu, aux citoyens de couleur. J'exhorte le lecteur qui voudra chercher de bonne foi la cause des troubles de la colonie, de lire avec attention cette lettre, et voir ensuite ce que j'ai écrit sur les causes de ces mêmes troubles, notamment dans mon mémoire adressé aux comités de marine et des colonies.

cation à Saint-Domingue, est de lire *responsable de tous les malheurs qui peuvent arriver aux blancs*, la protection qu'il semble accorder aux mulâtres.

D'ailleurs, mes chers compatriotes, il faut que vous sachiez que ceci est de toute absurdité. Comment l'assemblée de Saint-Marc, séditieuse dans toute l'étendue du terme, ainsi que toutes les assemblées qui se sont faites jusqu'ici à Saint-Domingue dont le génie n'a jamais tendu qu'à opprimer la classe nombreuse des insulaires-nés ; pourquoi, dis-je, cette assemblée de Saint-Marc veut-elle rendre le représentant du roi responsable de toutes les séditions qu'elle fomente elle-même avec tous les différents comités qui se croient déja en partie indépendans de la métropole (1) ?

Est-il rien de plus séditieux, de plus injurieux même que leur décret du 28 avril, dont ils ont fait afficher le placard que je vous envoie aussi ci-inclus ? Faites-vous une idée de la fermentation que ce placard outrageant a causé sur-tout d'après la réception de votre lettre.

Que dis-je ? ce n'est encore rien : ils ne se sont pas contentés de le faire lire au public. Le système généralement reçu à Saint-Domingue est d'opposer au corps vexé, un poids d'oppression plus puissant que la force qu'on pourroit lui opposer. *Pénétrés de ce génie ardent, séditieux et oppressif, l'assemblée de Saint-Marc et tous ses adhérens ont pris toutes les mesures nécessaires pour parvenir à leurs fins, toutes sortes d'entraves, de prohibitions mises aux différentes liaisons dans la colonie et sur notre correspondance avec vous.*

Puis-je vous envoyer une pièce plus atroce, plus révoltante et plus injurieuse que l'arrêté du comité provincial du sud, en date du 9 mai, dont ci-joint extrait (2) ?

---

(1) Tout cela annonce et prouve que ce sont les différentes assemblées des blancs qui fomentoient les troubles dans la colonie.

(2) On trouvera à la fin de cette lettre l'arrêté dont il est question.

Dignes représentans du peuple françois, c'est à vous d'en juger, à travers les prohibitions et les entraves d'où nous réclamons votre équité, nous vous supplions d'évoquer notre cause et de vous en réserver seuls toutes les attributions.

Nous frémissons d'horreur au rapport de cette pièce infame, où les auteurs s'étaient du décret du 8 mars pour nous défendre de nous adresser à l'assemblée nationale : hé ! dans quel tribunal nous faut-il donc porter la cause de l'humanité que tant d'hommes trahissent de concert?

On se prévaut ici du décret du 8 mars, qui porte l'attribution de faire connoître les vœux de la colonie, déclarant que l'assemblée nationale n'a point entendu l'assujétir à des loix qui ne seroient pas de convenance locale. Mais comme le génie de la colonie appelle aussi loix de convenance locale, toutes celles qui doivent autoriser les blancs à vexer le sang mêlé, les assemblées du pays ont inféré delà, qu'il nous étoit défendu de nous adresser à aucun autre tribunal que l'assemblée de Saint-Marc dont nous devons attendre notre sort. (Est-elle habile à prononcer sur le sort des citoyens qui ne lui en ont point donné le pouvoir?) D'ailleurs, il n'est plus question ici de convenance locale, mais de la préséance parmi les différens corps de citoyens; hé! nous sommes bien éloignés de la disputer aux blancs, laissons-la leur. Dans tous les cas, nos demandes ne devroient tendre qu'à obtenir la suppression des différentes ordonnances qui nous font grief, et tous nos vœux adressés au ciel et à la nation, n'ont pour but unique que de savoir, si nous sommes hommes et citoyens, dans ce cas d'impétrer de l'assemblée nationale la faculté de jouir des droits qu'elle leur reconnoit d'avance : nous renonçons à toutes les charges, mais il nous suffit de n'en être pas exclus par la loi, et qu'elle soit juste à notre égard.

Rien de plus insidieux que la lettre de M. Dubreuil de Foureaux à M. Millet, en date du 13 mai. Je passe aisément sur toutes les futilités insidieuses qui précèdent le dernier article de cette lettre; mais c'est ce dernier article qui me donne un véhicule; c'est ce dernier article qui me fournit l'occasion de faire connoître au roi et à la nation les intentions insidieuses et politiques des blancs (1).

---

(1) *Lettre de Foureaux à M. Millet, secrétaire de l'assemblée générale de la partie française de Saint-Domingue, du* 13 *mai* 1790.

Je vous ai écrit, mon cher Millet, il y a aujourd'hui huit jours, je me réfère entièrement à tout ce que je vous ai marqué; j'ai pourtant à vous ajouter au sujet des mulâtres, qu'ayant reçu ici et promulgué le décret provi-

Oui, sans doute, et dites avec sûreté et vérité au roi et à la nation, que si en ce jour Saint-Domingue est encore une

---

soire, rendu par l'assemblée générale, les 28 et 30 avril dernier, notre assemblée provinciale a cru devoir mander pardevers elle les principaux et chefs, en quelque sorte, de cette couleur, (ce qui a bien été mon avis dès le jour même de l'arrivée du courier); sur cette proposition, il y eut plusieurs débats, les uns assuroient qu'ils ne viendroient pas, les autres croyoient en être certains, et d'autres en doutoient; enfin pour rassurer sur ce point, comme je l'ai toujours fait, je me vis obligé en pleine assemblée de demander la parole et de renouveller la mienne pour eux, personne n'osant, ce semble, parler en leur faveur; j'ai dit peu de chose, mais j'ai parlé avec force, et avec toute la vérité dont vous savez que je fais profession : *je finis mon discours en disant, je pars ce soir, (c'étoit jeudi) Messieurs, pour aller les chercher, je vous réponds de les trouver bien disposés et vous les amener tous ici dimanche, comme vous le désirez, je vous demande pour eux votre protection et vos bontés; vous pouvez compter sur eux, comme sur moi-même; l'assemblée voulut bien s'en rapporter à moi, et continua sa séance sur d'autres objets.*

Je partis effectivement à neuf heures du soir, et revins le samedi, après avoir parcouru les deux paroisses par des chemins abominables, toujours la pluie sur le corps, mais bien satisfait de ma course; car je les trouvai tous, comme je les ai toujours trouvés et laissés; c'est-à-dire, dans les meilleures dispositions, les intentions les plus droites, une bonne volonté décidée en notre faveur, et à tout risquer, tout cela fondé sur d'excellens principes, desquels ils ne se départiront, j'espère, jamais (a).

Ils se rendirent tous ici, à jour marqué, et je montai à leur tête à l'assemblée, où je fus leur introducteur, et continuai d'être leur avocat. On leur lut les décrets de l'assemblée générale, auxquels ils furent d'abord sensibles aux larmes, n'ayant, dirent-ils, avec vérité, jamais fait un mauvais usage de leurs armes, ils ne pouvoient deviner pourquoi on leur défendoit

---

(a) Ce sont des hommes de couleur dont parle M. Dubreuil de Foureaux. Rien ne prouve plus fortement combien ils ont toujours été éloignés de fomenter des troubles, comme ils en ont été accusés par leurs ennemis. Cependant c'est un colon blanc qui fait ici tous ces aveux en leur faveur.

possession française, que si les colons blancs, tous trop endettés, ou ne possédant rien à Saint-Domingue, n'ont pas fait une banqueroute universelle à la France, c'est qu'ils avoient trop à craindre d'un ennemi intérieur auquel ils ont donné

---

de les porter ; on leur lut ensuite un arrêté de l'assemblée provinciale, conséquent aux décrets ci-dessus et en leur faveur ; ils en furent satisfaits à quelques mots près qu'on auroit vraiment pu se dispenser d'y mettre, et ils offrirent de nouveau de prêter le serment qu'ils avoient déja profondément gravé dans leurs coeurs, ils en furent dispensés par l'assemblée, et se retirèrent.

Nous allons nous occuper des moyens d'adoucir leur sort présent, je voudrois bien que l'assemblée générale en fît de même.

Vous voyez, mon cher Millet, que je suis toujours le même ; je vous dis ma vraie façon de penser en ami de ma patrie, en bon colon, en vrai patriote, et comme votre ami, persuadé que vous ne le trouverez pas mauvais, ni même l'assemblée.

Adieu ! mon cher Millet, donnez-moi vite de vos nouvelles, répondez exactement à ma première lettre, et n'oubliez pas que la province du Sud a toujours été sage, prudente, et sans reproches, que nous devons vivre et mourir de même ; dites cela de ma part à tous les nôtres, en leur faisant mille complimens et amitiés.

N'OUBLIEZ PAS NON PLUS LES 42 MILLIONS STERLING DU LORD PITT ; TENEZ-VOUS SUR VOS GARDES A CE SUJET, AINSI QUE TOUTE L'ASSEMBLÉE COLONIALE (a).

Adieu, encore une fois, mon cher Millet, je vous embrasse et suis sincèrement votre ami,

Signé, DUBREUIL DE FOUREAUX.

(a) Ceci prouve, sans réplique, que Pitt avoit quelqu'agent dans la colonie, pour corrompre l'assemblée générale. Qu'on rapproche cette phrase de ce qui s'est passé à l'époque du décret du 15 mai, où l'assemblée coloniale arrêta d'appeler les Anglais dans la colonie, sous prétexte de la révolte des noirs, et du discours que tint le président de cette assemblée à milord Édouard, envoyé de la Jamaïque à Saint-Domingue. -- *Depuis long-tems nos yeux, fixés vers l'horison, attendent vos secours et vos armées.* Est-il rien de plus expressif?

la dénomination injurieuse d'ennemi du bien public ; c'est que les colons américains, fidèles à leur serment, n'ont pas voulu embrasser leur parti. Je crois vous avoir fait connoître depuis long-tems leurs intentions (1). Mais, hélas ! la vérité toute nue a trop de peine à se faire distinguer ; mais la voix de l'innocent seroit trop foible, si, dans ce siècle de lumière et de philosophie, la vérité seule ne se faisoit jour à travers le voile ténébreux du mensonge et de la dissimulation.

Je vous engage très fort, mes chers compatriotes, à ne plus rien adresser à Bleck, que nous allons destituer, non plus qu'à l'abbé Aléogane, ce sont des ignorans gagnés par les comités.

Nous adressons ici nos profonds respects à M. Dejoly, et vous prions de l'assurer que, dans la dissimulation actuelle, notre reconnoissance et notre entier dévouement pour l'intime service qu'il nous rend, ne fait qu'augmenter (2).

Nous avons vu avec plaisir la réponse du compatriote Augé, lue à M. Laborie, sur la lettre que ce dernier écrivit à M. Dejoly, ce qui nous a été donné par un homme dans la confiance du comité ; nous espérons en arracher d'autres, pour de l'argent.

On m'a assuré que deux de vos lettres venant par le navire du capitaine Denis qui a porté le décret du 8 mars, ont été prises par les 40 visiteurs des corps, qui de toutes nos lettres ne laissent passer que celles qui ne sont pas instructives (3) *; servez-vous du moyen que je vous ai indiqué*

---

(1) Nouvelle preuve de l'attachement des hommes de couleur, et qu'ils ont refusé de se prêter aux vues perfides des colons blancs.

(2) On voit ici qu'il n'étoit encore question que de M. de Joly pour défenseur de notre cause ; et qu'alors même il étoit question des 6 millions de don patriotique que nous avions offert. Tout cela démontre la perfidie de MM. Page et Brulley, relativement à ce qu'ils ont dit de moi à ce sujet.

(3) Cela prouve avec quel soin on cachoit tout aux hommes de couleur.

par la voie de mon commettant par lequel je vous ai adressé trois gros paquets, en y comprenant la première de la présente.

Il m'est impossible de vous envoyer ci-inclus les pouvoirs que vous desirez pour nous représenter légalement. Patience sur ce point, nous nous en occupons, malgré toutes défenses à ce contraires; mais les choses en iroient bien mieux, si d'après le contenu de nos lettres, vous pouviez obtenir un décret qui annullant le placard de Saint-Marc, nous autoriseroit à nous assembler pour faire connoître notre vœu (1).

Nous persistons toujours et tous les colons Américains sont d'avis de tenir à vos ordres, nos chers représentans, LES SIX MILLIONS QUE VOUS AVEZ OFFERTS EN NOTRE NOM; ASSUREZ L'ASSEMBLÉE NATIONALE ET LE ROI, DE NOTRE EMPRESSEMENT A REMPLIR CET ENGAGEMENT PATRIOTIQUE. *Envoyez-nous les pièces qui doivent autoriser la contribution, vous verrez l'effet de notre patriotisme* (2). Vous me dites que vous m'attendiez pour le courant du mois dernier, avec les pouvoirs des constituans. Tous nos compatriotes pensent bien comme vous; c'est depuis long-tems notre plus grand desir : mais comment l'exécuter, lorsqu'on court les risques d'un assassinat dans sa demeure même, et qu'il est impossible de faire un pas sans danger (3)?

---

(1) Ce placard étoit un arrêté de l'assemblée coloniale qui défendoit aux hommes de couleur de s'assembler.

(2) Rien prouve-t-il plus évidemment la destination des 6 millions sur lesquels MM. Page et Brulley ont tant brodé, et le patriotisme de mes frères?

(3) On voit, par ce passage, les risques que les hommes de couleur ont toujours courus dans les colonies d'y éprouver; il prouve encore que si le don patriotique de 6 millions n'a pas été effectué, c'est par les entraves que les colons blancs mettoient à ce que les hommes de couleur pussent s'assembler pour l'effectuer; car ils n'ignoroient pas qu'il étoit question de ce don, puisqu'ils avoient intercepté ma lettre du 4 mars et qu'elle fut à cette époque imprimée par ordre de l'assemblée coloniale, et répandue avec profusion dans la colonie, afin d'engager tous les colons aristocrates à surveiller mes frères pour qu'ils ne pussent l'effectuer et les faire rougir de leur peu de patriotisme.

Nous vous envoyons ci-joint autant qu'il est en notre pouvoir la protestation contre tout ce que peut faire l'assemblée de Saint-Marc et toutes autres dans ce qui nous concerne (1), *n'ayant donné nulle adhésion, nul pouvoir à aucun des citoyens qui se donnent le nom de représentans*

---

(1) **De Saint-Domingue, le 9 juillet 1790.**

Les colons de couleur de la paroisse de Cavaillon et dépendances, par le ministère de leurs représentans, protestent de nullité contre toutes les opérations des assemblées de la colonie, comme ne pouvant avoir rapport à eux, puisqu'ils n'y ont point consenti; et se réfèrent sur ce point au décret de l'assemblée nationale, sur le droit de citoyen.

En conséquence, nous, tous citoyens de couleur de la paroisse susdite, par le ministère de nos représentans, soussignons et donnons plein et entier pouvoir à M. Raimond, notre député à l'assemblée nationale, assisté de M. de Joly, président, de former envers les représentans de la nation françoise toutes oppositions, protestations et empêchemens généralement quelconques pour le bien de notre intérêt, contre les décisions des arrêtés impérieux de l'assemblée des colons françois réunis à Saint-Marc, comme étant illégales et non avouées par tous les colons de couleur;

1°. Parce qu'elle s'est formée en autorité et sous sa propre constitution.

2°. Parce qu'elle ne représente qu'une partie de la colonie.

3°. Parce qu'elle n'a pas le droit excessif sur les citoyens qui n'y sont représentés, et qu'en qualité de bons Français actifs et propriétaires, ils ne peuvent dépendre des colons blancs, ni être assujettis à des étrangers transplantés dans la colonie, au préjudice de leurs droits insulaires, protestent en outre contre toutes innovations, en vertu du décret de l'assemblée nationale du 17 juin 1789 pour les colonies.

Et s'étayent de l'autorité du décret de l'assemblée nationale des 8 et 28 mars dernier, qui n'attribuant à la colonie que le droit de manifester son vœu sur la constitution qui lui convient et non de faire des lois, faisant toutes protestations contre les décrets ou arrêts rendus par la susdite assemblée de Saint-Marc, et appel à la nation pour la partie nous compétent, jusqu'à ce que nous ayons été ouis et entendus; protestent finalement les susdits citoyens de garder inviolablement toute fidélité à la nation, au roi et à la loi qui sera décrétée par elle, et de sévir contre ceux qui pourroient s'en écarter à la réquisition des représentans de sa majesté dans la colonie.

de tous les habitans de la partie françoise de Saint-Domingue ; ce titre est faux dans son principe et abusif dans ses effets, en ce que nul colon Américain (1) *n'y est représenté, et que par l'arrêté du 28 avril, manifesté aux Cayes le 9 mai, qui nous enjoint de nous soumettre aux décrets, dit-on, de l'assemblée de Saint-Marc ; mais cette*

Signés, B. Chaperon. C. Chaperon. G. Mesnard. J. Jouachin. R. Bastien. A. Torchon. Carbonier. Beauregard. J. Bourgoly. G. Jouassin. J. Boursier. J. Englade. Cassignol. T. Verdier. C. Verdier. Le Sudre. Griffe. Ligoudes. F. Pitre. *Les suivans ne savent pas signer.* M. Sudre. G. Sudre P. Sudre. P. Sudre. J. Lope. M. Geifrard. J. Geifrard. C. Bonnefin. D. Lominy. J. Labbé. C. Labbé. Cornit fils. G. Dantaux. C. Prou *dit* Guirbé. P. Sudre. P. I. Sudre. C. Sudre (*a*).

Mon cher Compatriote,

Je vous envoie ci-joint les protestations que nos compatriotes de Cavaillon ont faites, contre l'assemblée générale de Saint-Marc qui n'a point les vœux de ces citoyens. Je joins aussi leur lettre de remerciment à M. l'abbé Grégoire, sous cachet volant à votre adresse, vous priant de la lui remettre. Je suis si pressé, que je ne peux vous entretenir sur ce qui se passe actuellement ; je vous dirai que le paquet que M. de la Luzerne avoit envoyé à M. de Peynier, gouverneur-général, a été arrêté à Aquin par les sieurs Saint-Auroux et Mecaire, deux gargotiers aux Cayes ; ils ont apporté ce paquet aux Cayes, au comité, et l'on en a fait l'ouverture lundi matin, je ne peux, vous dire ce qu'il dit (*b*).

Je finis en vous priant de ne point vous ralentir ni nos autres compatriotes, et croyez-nous avec l'attachement et toute la vénération qui vous est due, cher défenseur. Je vous embrasse tous mille fois. J'ai l'honneur d'être très-sincérement,

Mon cher compatriote,

Votre très-humble et très-obéissant serviteur,
BRAQUEHAIS.

Le 27 juillet 1790.

(1) Ou homme de couleur.

(*a*) L'on peut juger, d'après cet arrêté, de leur dévouement à l'assemblée nationale.

(*b*) Voilà comme les colons blancs ne respectoient rien.

assemblée qui s'est déclarée permanente, fait tous les jours des actes de souveraineté : ce que vous aurez vu clairement par la correspondance du général.

Votre union à M. Gerard n'est du goût de personne ; nous le craignons, parce qu'il a toujours été notre ennemi ici (1).

Le comité du Cap a pris un arrêté par lequel il avertit tous les autres comités de Saint-Domingue, qu'il y a au Cap, à Sainte-Susanne et ailleurs, un foyer de conspiration, des ennemis du bien public (2), *contre les citoyens, et qu'ignorant jusqu'où ce foyer peut étendre ses chaînons, il les engage de faire sur la moindre suspicion, arrêter, emprisonner, questionner tous les gens de couleur suspects, afin, disent-ils, de traverser cette conspiration. Mais pour être suspects, ici il ne s'agit que d'avoir du bien ou un peu de bon sens. D'ailleurs cette suspicion sans nul fondement et cet arrêté est absolument incendiaire dans ses effets. Ceci n'a pas été publié, mais nous est parvenu par une voye sûre et bien cachée : jugez donc du nombre infini de conventions prises à notre insçu dans le silence, tendantes aux mêmes fins.*

On dit qu'il est arrivé aux Cayes, un homme qui nous apportoit de France des pièces instructives, mais qu'il a été corrompu pour de l'argent, ayant remis les pièces, il est parti incognito.

Dans les différens papiers publics que je vous envoye ci-inclus, vous trouverez que la paroisse du petit Goave se félicite d'avoir tranché la tête à M. Ferand de Baudières qui avoit écrit la pétition de nos concitoyens dans ce quartier là, et s'attribue la tranquillité dont les autres quartiers jouissent.

---

(1) On verra plus loin qu'ils ont jugé différemment ce même homme, lorsqu'ils ont reconnu la pureté de ses principes.

(2) C'est ainsi qu'ils appelloient les hommes de couleur.

Pour venir ici, j'ai été obligé de prendre un congé du comité d'Aquin; je vous remets ci-joint la correspondance qui a précédé le congé; dont copie jointe.

Il me reste à vous faire part des applaudissemens, de la vénération et de l'entier dévouement que tous nos bons compatriotes vous adressent et à tous nos représentans.

Vous priant d'offrir nos très-humbles respects à M. de Joly et d'être persuadés de l'entier dévouement dont nous sommes pénétrés et de la sincérité avec laquelle

Nous avons l'honneur d'être, nos chers compatriotes et dignes représentans,

Vos très-humbles, sincères serviteurs, amis et dévoués,

Signés, Jacques Boury, Remarais, Braquehais, Bourt, Massé, Lamonge, N. Rollin et Bois-Rond *jeune.*

Duplicata conforme à l'original,

Bois-Rond jeune.

D'Aquin, le mardi 27 juillet 1790.

MES CHERS COMPATRIOTES,

Je me réfère aux trois longues lettres que je vous ai adressées par mon commettant, et aux différentes instructions qu'elles vous comportent et que je vous confirme.

Nous avons reçu votre lettre adressée à M. Gionnet qui l'a remise à François, laquelle nous fait part de la bonne protection que vous vous êtes procurée de M. l'abbé Grégoire, et de la motion qu'il a faite en notre faveur, par laquelle vous nous dites que l'assemblée nationale nous comprend sous le titre de citoyen actif; et vous nous engagez de nous entendre avec les blancs pour le bien être commun (1): *ceux-ci bien loin de l'entendre ainsi, ont fait et publié*

(1) On voit que dans toutes mes lettres, je ne cessois de recommander à mes frères l'union avec les blancs.

mille choses contraires, et se sont même servi d'un subterfuge pour donner du ridicule à la motion pastorale. Ce que vous verrez clairement par les papiers publics que je vous envoye ci-inclus.

On répand dans le monde que le compatriote Colon, m'a écrit à l'adresse de l'Abbé, et que ma lettre a été mise dans l'ameublement qu'il a envoyé pour l'église de Léogane; l'Abbé ou tout autre a apporté cette lettre au comité, où elle a été lue et copiée à l'infini, et envoyée à tous les comités comme un chef-d'œuvre épistolaire; mais comme elle ne doit pas être flatteuse pour nos oppresseurs, ils ont tenu assemblée par-tout tendante à délibérer s'il ne seroit pas nécessaire de me faire arrêter; ce que des hommes sages ont empêché. On dit que par votre lettre vous nous engagez à tenir bon et de n'adhérer en rien aux propositions qui nous seront faites ici (1); et que vous m'annoncez deux inspecteurs qui seront envoyés par l'assemblée nationale pour vérifier l'état de la colonie.

La France doit être instruite, que quant aux blancs, le pays est composé de familles anciennes de créoles, qui sentant trop le terroir, ne se connoissent point en loix; d'Européens anciennement arrivés ici, qui ont accumulé de grosses fortunes et doivent compte en France des gros fonds retenus à leurs commettans. De ceux-ci, partie ont soldé, d'autres, doivent encore très-gros et ne payeront qu'après leur mort; voilà donc nos présidens, nos maires de ville; d'autres sans nulle propriété foncière, ne payant nulle contribution, sortis de France à cause de leurs dettes, etc. etc. avec un peu d'usage et la démangeaison de montrer de l'esprit: voilà les secrétaires des comités, les échevins, etc. etc. D'ailleurs, comme on a besoin de faire nombre, il suffit d'être blanc pour être citoyen actif et souvent éligible;

(1) J'étois instruit qu'on devoit leur faire à Saint-Domingue, les mêmes propositions qui m'avoient été faites ici: celle de renoncer à vivre sous la dépendance de la France, à la condition de leur accorder tout ce qu'ils réclamoient.

celui même à qui on reconnoît *les plus grands défauts*, ayant du talent et sachant écrire, hé bien! il sera élu, parce qu'on a besoin d'hommes de tête. Ceux-ci se lient avec ceux qui ne savent ni écrire ni parler, acquièrent par ce nombre, la pluralité des voix et mènent le pays comme ils veulent (1). Aussi les hommes sensés disent-ils que c'est aujourd'hui le règne de la canaille.

Que pense-t-on à l'assemblée nationale de ce décret du 28 mai, concernant les droits de Saint-Domingue? *On prétend ici que l'assemblé nationale appréhende la scission de la colonie et qu'elle craint de la forcer à se conformer à ses décrets* (2). Dans ce cas, si la constitution du pays est absolument abandonnée à l'assemblée de Saint-Marc, quelle sera la ressource des gens de couleur? J'ai appris que dans tous les quartiers, ils ont dit: que fidèles à leur serment, ils mettent un frein à leur vengeance et qu'ils attendent avec impatience la régénération future prononcée par l'assemblée nationale, sanctionnée par le roi. Mais que si par malheur, hélas! leurs espérances sont trompées, le désespoir doit les porter à toutes sortes d'extrêmités, parce que quand la vie est un opprobre, la mort est un devoir.

Dans ce moment on prétend que M. Mauduit, colonel du régiment du Port-au-Prince, suit les ordres de M. de Peynier, pour obliger l'assemblée de Saint-Marc à se conformer aux décrets du 8 et 28 mars, et que pour ce fait tout le Port-au-Prince est en armes. M. Thomas Milet, qui vient de passer pour les Cayes, a dit avant hier, à Aquin, que l'assemblée de Saint-Marc alloit se réunir au Port-au-Prince.

Mais il est certain qu'il est arrivé aux Flamands, vendredi dernier, une corvette de France, expédiée, dit-on, pour le Port-au-Prince, apportant des paquets pour M. de Peynier, contre-

(1) Voilà les intrigans qui ont si long-tems mené la colonie.

(2) Tel étoit le langage de ces hommes qui osoient dire dans les Colonies que la France n'oseroit jamais heurter de front leur volonté, crainte d'une scission.

signés Laluzerne, avec ordre de les faire parvenir de suite à leurs adresses. Les paquets remis au commandant des Cayes, ont été remis à un cavalier de maréchaussée, qui, pour accélérer, devoit être changé à chaque quartier; celui d'Aquin est parti samedi matin, et il a été arrêté à la Gran-Ravinne par deux hommes des Cayes, qui lui ont mis le pistolet à la gorge, lui ont retiré les paquets et les ont emportés aux Cayes : tout cela de connivence, tout le monde en étoit d'accord, sauf les colons Américains qui sont spectateurs malévoles de tout ce qui se pratique. On prétend que les paquets portent l'ordonnance des préparatifs de guerre. Déja quelques quartiers de la colonie, j'entends les colons Américains pressés de leur vengeance, ont offert au général de se tenir à ses ordres et de prêter le serment prononcé par la compagnie des volontaires.

Enfin, mes chers compatriotes, les papiers publics, que je vous envoye et ceux que d'autres vous enverront, vous instruiront du reste; l'occasion me presse.

Je n'ai que le tems de vous supplier d'être pénétrés des sentimens d'attachement et de l'entier dévouement avec lesquels je serai jusqu'au dernier de mes jours,

Mes chers Compatriotes,

Votre dévoué ami,
Bois-Rond *jeune*.

Ci-joint l'extrait de la lettre de M. Gerard.

BRAQUEHAIS (1).

---

(1) *Extrait des registres des délibérations de l'assemblée provinciale du Sud de Saint-Domingue, et de la séance du 9 mai 1790, de relevée.*

Les gens de couleur ont été avertis de se présenter, ils ont été introduits à la barre, et ont dit qu'ils se rendoient aux ordres de l'assemblée, eux debout, M. le président a dit :

« Vous avez été mandés à la barre de l'assemblée provinciale du Sud, dans » la juste persuasion où sont les membres, que vous ne demandez et ne sol- » licitez qu'une explication de ces arrêtés, ainsi que des décrets de l'assem-

N°. 5.

A MM. de Jolly, président, Raimond, député de la partie du Sud de Saint-Domingue, par les hommes de couleur, à l'Assemblée Nationale, à Paris.

Du 27 juillet 1790.

Mes chers Compatriotes,

Nous nous empressons de profiter d'une occasion, pour vous rendre compte de la marche de nos affaires dans la

---

» blée générale de Saint-Domingue, pour pouvoir vous y conformer entiè-
» rement et dans toute leur étendue; vous avez avant à vous prémunir contre
» les insinuations dangereuses que quelques-uns des vôtres cherchent à ré-
» pandre et à communiquer, lesquelles vous précipiteroient indubitablement
» dans une foule de calamités aussi terribles, que justement méritées, si
» vous vous abandonniez à de pareilles suggestions; et vous avez encore à vous
» pénétrer de cette grande et importante vérité, que rien ne peut détruire,
» ni même altérer la ligne de démarcation que la nature et nos institutions
» ont également et irrévocablement fixée, entre vous et vos bienfaiteurs (a).
« *D'après les décrets de l'assemblée générale de Saint-Domingue, qui*
» *obligent impérativement et indistinctement tous les individus de cette co-*
» *lonie, il vous est enjoint sous la peine d'être déclarés coupables du*
» *crime de lèse-nation et d'être poursuivis comme tels, de ne plus sortir de*
» *chez vous armés, à moins que vous ne soyiez commandés pour quel-*
» *qu'objet de service, soit de la part de vos officiers, soit de celle des*
» *comités paroissiaux; et il vous est également défendu de sortir de vos*
» *paroisses, sans être précautionnés au préalable d'un passe-port du comité de*
» *votre paroisse; tous les gens de votre classe sont également par ce décret,*
» *mis à l'avenir sous la sauve-garde de la loi, et sous l'autorité de l'assemblée*
» *générale*; l'assemblée que vous voyez actuellement réunie, composée de
» députés de toutes les paroisses de cette province, vous prend de même sous
» sa protection, et vous assure, par mon organe, qu'aucune atteinte ne

---

(a) Comment peut-on croire au patriotisme, à l'esprit de liberté et d'égalité d'hommes qui tiennent un pareil langage?

colonie.

colonie, « et nous commençons pour vous assurer que nous » ignorons très-fort à quel pouvoir elle demeurera d'ici à deux.

» sera portée à la sûreté de vos personnes, ni à la libre disposition de vos » propriétés, et tant que vous vous maintiendrez dans les bornes du respect » et de la soumission que vous devez aux loix de Saint-Domingue.

« *L'assemblée nationale vers laquelle quelques-uns des vôtres s'étoient » retirés, vient de promulguer par son décret du 8 mars, que la colonie » de Saint-Domingue demeure autorisée à faire connoître son voeu sur la » constitution, la législation et l'administration qui conviennent à sa » prospérité et au bonheur de ses habitans, et qu'elle n'a jamais entendu » les assujettir à des loix qui pourroient être incompatibles avec leurs con- » venances locales et particulières. Vous devez donc désormais, vous adres- » ser à l'assemblée générale de Saint-Domingue, et vous n'auriez jamais » dû avoir recours à d'autre tribunal, pour obtenir l'amélioration dont votre » sort et votre situation vous rendent susceptibles, en vous soumettant » à tout ce qu'elle peut et pourra ordonner. Vous pouvez être cependant » assurés, et nous vous le confirmons de la manière la plus solemnelle, » qu'elle vous maintiendra dans l'exercice de tous vos droits civils, et » qu'elle s'occupera* sur-tout, par une combinaison plus heureuse dans ses » loix, des moyens de vous mettre à l'abri de toute vexation particulière, » de manière que tout attentat en ce genre, s'il ne devient pas impossible, » ne restera du moins jamais impuni, quel que soit l'état et la condition de » celui qui l'aura commise; mais gardez-vous de faire des demandes qui seroient » incompatibles avec l'état de subordination dans lequel vous devez rester et per- » sévérer envers les blancs, et de la déférence respectueuse que vous leur devez, » et n'ayez pas l'orgueil ni le délire de croire que vous puissiez jamais MARCHER » L'ÉGAL DE VOS PATRONS, DE VOS BIENFAITEURS, VOS ANCIENS MAÎTRES, NI DE » PARTICIPER A TOUTES LES CHARGES PUBLIQUES ET TOUS LES DROITS » PUBLICS (*a*).

« Retirez-vous donc en pleine sécurité et allez annoncer aux vôtres que » l'assemblée provinciale du Sud est déterminée à vous maintenir dans la » jouissance et l'exercice de tous vos droits civils, et que vous pourrez en

---

(*a*) Quelles réflexions, ce qu'on vient de lire, ne doit-il pas faire faire à un Républicain véritablement ami des principes de liberté et d'égalité!

» mois, tant la cabale, les contradictions, et tout ce que les » hommes purent inventer pour troubler l'harmonie, est em- » ployé ; le général violenté par l'assemblée qui s'est réunie » à Saint-Marc, qui ne veut point se conformer aux deux » décrets pour les colonies, et nous voyons bien que les en- » nemis de la nation vont soutenir son opiniâtreté et flatter » son inclination pour l'indépendance ; quoi qu'il en soit, nos » chers compatriotes, nous périrons françois, et nous nous » envelopperons dans le drapeau de la France, qui nous ser- » vira de suaire, nous venons d'en faire une déclaration au- » thentique au général, dont nous vous donnons copie (1).

» tout tems et avec une pleine confiance vous jetter dans son sein et y trouver » protection, sûreté et bonté.

Jacques Bourry, l'un d'eux, a promis pour tous, obéissance et fidélité, et ils se sont retirés.

Les gens de couleur retirés, il a été arrêté qu'extrait du présent procès-verbal leur sera remis, s'ils le désiroient.

Arrêté pareillement qu'expéditions dudit procès-verbal seroient envoyées à tous les comités paroissiaux de la province.

Collationné au registre. *Signé*, CAILLON, *secrétaire.*

(1) *Déclaration des citoyens de couleur de la partie du sud de Saint-Domingue à M. le général.*

Nous soussignés habitans de la partie du sud, tous hommes de couleur, avons l'honneur de certifier à M. le gouverneur général, à qui nous déclarons que sous tout ce que l'honneur françois et la fidélité que nous devons à la mère patrie et au roi peut nous suggérer, nous n'entendons nullement nous écarter des principes qui assurent les intérêts de la France dans la colonie, ni qu'aucunes autorités prévalent sur les ordres du roi pour l'exécution des décrets de l'assemblée nationale des 8 et 28 mars, promettant de concourir avec lui pour le maintien de sa personne et du bon ordre à sa premiere requisition.

Signé de plusieurs citoyens et du consentement de tous en général ; tous les autres quartiers en ont fait autant.

Pour copie conforme à l'original,

Signés, RAIMARAIS, *électeur aux Cayes*. BRAQUEHAIS.

« Nous avons reçu votre lettre du 31, mars (1), et tout ce » qui l'accompagnoit ; nous avons bien goûté votre morale (2), » mais la colonie persistant dans l'injustice à notre égard, » nous sommes bien plus maltraités aujourd'hui que nous ne » l'étions il y a dix ans ; nous venons de présenter notre re- » quête au général pour lui demander l'exécution plénière des » décrets, dont il est responsable, nous n'avons point encore » sa réponse, nous aurons soin de vous instruire à fond de » tout ce qu'il aura décidé et fait à notre égard, bien résolus » d'avoir justice.

« Les députés des blancs ont écrit dans la colonie, qu'ils » étoient parvenus à vous expulser de l'assemblée nationale, » peut-être hasarderont-ils d'essayer cette prétention dans la » colonie ; ils avoient projetté une fête dont la lettre ci-jointe » vous instruira. Faites-la imprimer et verser dans toute la » France, et soyez assuré que nous n'appréhendons pas ce » projet (3).

---

(1) La lettre dont on parle ici est la même que celle que MM. Page et Brulley ont altérée et falsifiée.

(2) Par-tout on voit que je prêchois toujours à mes frères la modération.

(3) *Copie d'une lettre écrite de Saint-Marc, par un membre de l'assemblée coloniale, et dont l'original est dans mes mains.*

Saint-Marc, ce 30 *avril* 1790.

Envoyés en cette ville, comme les augustes membres de l'assemblée nationale, pour travailler à la régénération de la partie françoise de Saint-Domingue, aussi incertains qu'eux de la qualité de nos fonctions et de nos pouvoirs : leurs premières démarches furent marquées du sceau de l'héroïsme et de la sagesse ; mais hélas ! les nôtres ne sont déterminées que par des motifs particuliers de récriminations, de vengeances personnelles, qui se succèdent avec une rapidité incroyable. *Il semble que la députation du Nord ne s'occupe qu'à justifier ses entreprises passées, par des entre-*

Nous allons incessamment nous résumer pour vous défrayer de vos dépenses ; nous espérons que votre zèle patriotique ne se ralentira sur rien, et que vous voudrez bien faire

---

prises nouvelles (*a*). Il n'est presque pas de jour qui ne soit marqué par le mandement de quelque personnage. M. Coustard, quoique justifié d'avance par l'aveu de M. de Seguier, a paru à la barre et a détruit bien facilement les imputations vagues sur lesquelles il avoit été mandé. Demain le sénéchal de Saint-Marc paroîtra aussi à la barre pour déduire les raisons qui lui ont fait prononcer illégalement, dit-on, l'élargissement de quelques mulâtres emprisonnés pour la grande affaire de Plassac ; ensuite nous aurons le greffier du conseil du Port-au-Prince, auquel on demandera communication de divers réquisitoires, arrêts, mémoires, etc. de ce tribunal dénoncé aujourd'hui par M. Daugy, procureur général du Cap. Nous avons encore à entendre à la barre M. Thomin, secrétaire de la chambre d'agriculture, et puis M. de Sainte-Croix. Nos mandemens deviendront comme ceux des évêques ; on les lit sans s'inquiéter de ce qu'ils prescrivent.

L'affaire du fonds Parisien a rendu l'assemblée furieuse contre les gens de couleur (*b*) ; on va voir ci-après le récit concernant cette

---

(*a*) On démontre bien évidemment l'esprit qui regne dans ces deux provinces de la Colonie, esprit qui se manifeste sans cesse et qui a occasionné tous les troubles qui ont agité et qui agitent encore ces provinces.

(*b*) *Récit de l'événement du Fonds parisien.*

Un homme de couleur et un blanc très-voisins l'un de l'autre étoient dans l'usage de se vendre respectivement leurs animaux, lorsqu'ils s'échappoient de l'une des habitations pour aller sur l'autre. Un jour il prend fantaisie à l'économe du propriétaire blanc de faire saisir quelques animaux de l'homme de couleur qui avoient été sur l'habitation du blanc, et d'exiger de l'homme de couleur un droit de prise. L'homme de couleur paye en observant qu'il peut aussi prendre sa revanche. En effet, des animaux du blanc sont pris quelques jours après sur l'habitation de l'homme de couleur qui en exige à son tour les frais de prise. -- L'économe blanc se transporte chez l'homme de couleur, le traite de gueux, de mulâtre et le menace de lui donner des coups de bâton, s'il ne lui rend ses animaux. -- L'homme de couleur tient ferme et répond de meme. Le blanc peu accoutumé à cette fermeté, se retire et va chercher plusieurs blancs économes comme lui, pour venir forcer l'homme de couleur à lui rendre ses animaux. L'homme de couleur devine son dessein, et il en envoie avertir deux de ses voisins qui viennent pour lui donne

valoir nos droits avec la même chaleur que vous les avez entrepris.

---

affaire. Dans le premier moment, on parloit d'une proscription générale. M. de Caradeux aîné a proposé le décret qui a passé; on les astreints à ne plus sortir de leurs paroisses sans une permission des comités. Ce matin on avoit proposé une addition à ce décret; tout le nord et une partie de l'ouest s'y opposoient avec fureur (a). J'ai engagé M. de Caradeux l'aîné à la proposer et elle a été adoptée. Je m'en réjouis infiniment avec les amis de l'humanité. L'assemblée a donc déclaré qu'elle prend sous sa sauve-garde et sa protection, tous les gens de couleur qui se comporteront bien *à l'avenir*. Ces deux derniers mots renferment une amnistie de toutes les inconséquences passées, pour ceux qui n'ont point commis de délit. Il est essentiel qu'ils le sachent et s'en persuadent. Pour peu qu'il réfléchissent, ils ne doivent plus hésiter à rentrer en eux-mêmes; sur-tout s'ils considèrent que le décret du 8 mars, remet à l'assemblée coloniale la formation de notre constitution, dans laquelle ils sont nécessairement compris. Les amis de l'ordre nous atten-

---

secours. A peine sont-ils arrivés, qu'ils voient venir 10 à 12 blancs armés jusques aux dents. Les hommes de couleur courent se cacher dans les pièces de cafés voisines de la maison, et ne laissent que deux enfans, l'un de 10 ans, l'autre de huit. Les blancs arrivent, font un tapage horrible dans la maison, cassent et brisent les meubles, saisissent les enfans effrayés, leur demandent où est leur père, ils répondent qu'ils ne le savent pas. L'un d'eux est tué sur le champ, l'autre garrotté et emmené par ces blancs. Les trois hommes de couleur témoins de ces atrocités se glissent dans les cafés, et vont attendre tous ces blancs dans un chemin étroit de l'habitation, où ils devoient passer; là ils en ajustent trois et les étendent morts, les autres effrayés prennent la fuite; ils sont poursuivis et plusieurs autres sont encore tués. Le reste s'échappe et va répandre l'alarme, en disant qu'il y a sur l'habitation de l'homme de couleur, une armée d'hommes de couleur qui va venir fondre sur les blancs pour les égorger tous. Tous les blancs s'assemblent et écrivent au Cap, pour demander des forces; et voilà ce qui donna lieu à cette proscription.

(a) Il faut observer que les députations de ces deux parties de la Colonie étoient celles qui avoient proposé la proscription générale des hommes de couleur; et qu'elles s'opposoient avec fureur à l'amendement dont il est ici question. Tout cela ne fait que prouver de plus en plus l'esprit d'animosité qui regne dans ces parties, contre les hommes de couleur, ce qui y entretient et fomente les troubles dont nous avons connoissance.

Il vient d'arriver, il y a deux jours, une corvette du roi, qui a apporté des paquets du ministre pour le général, dont le comité des Cayes a voulu s'emparer; nous ne pouvons vous assurer, si dans le trajet des Cayes au Port-au-Prince, il ne sera pas surpris, et si le cavalier qui les porte ne sera pas arrêté, car on lui a dépêché cinq hommes pour l'arrêter; enfin tous pouvoirs exécutifs, tous principes d'administrations se trouvent aujourd'hui ensevelis dans le cahos du brigandage; Dieu nous fasse la grace de ne point nous abandonner à un fléau aussi terrible et nous préserver des malheurs d'une guerre peut-être ruineuse.

C'est avec un vrai plaisir, cher concitoyen, que nous nous chargeons des intérêts que vous avez dans la colonie, et nous nous autorisons même d'en prendre une connoissance détaillée, afin de pouvoir vous la mettre sous les yeux.

« Nous nous empresserons également de marquer notre re-
» connoissance au très-sage et très-vertueux monsieur l'Abbé
» Grégoire, notre défenseur; son nom sera immortalisé dans

---

doient avec impatience, et réellement je crois que sans la députation du Sud, nous aurions vu une Saint Barthelemi (*a*). Il est des individus coupables dans cette classe; mais je ne me serois jamais consolé d'une abomination de cette espèce, ordonnée par un tribunal de sang, dont j'aurois eu le malheur d'être membre. Recommandez à nos gens de couleur, de continuer à nous donner dans leur bonne conduite, des motifs de considération assez puissans auprès de l'assemblée, pour que nos intentions en leur faveur, n'éprouvent point *d'obstacles insurmontables*.

Vous êtes sage. Votre comité l'est beaucoup. Je vous recommande, à tous, la protection et l'instruction de ces malheureux, plus absurdes que méchans.

Votre ami, B. Suire.

(*a*) Tel étoit, comme on voit, le projet des députations du Nord et de l'Ouest, d'égorger tous les hommes de couleur de la Colonie.

» nos cœurs, et nous le supplions au nom de ce Dieu adorable dont il est le ministre, de nous accorder la continuation de sa protection; qu'il lui sera glorieux d'être le consolateur des affligés, et le Restaurateur des malheureux ». Baisez mille fois les mains de ce bienfaiteur de l'humanité.

« Nous ne pouvons point laisser ignorer à monsieur Colon, » notre cher compatriote, que sa lettre à Boisrond qu'il avoit » adressée à l'Abbé Léogane, a été surprise par le comité du » lieu, qui en a répandu copie dans les diverses chambres » de la colonie, et ses fortes expressions ont allarmé au point » qu'on avoit projetté d'arrêter Boisrond; mais cela n'étoit » pas si facile, nous désirons que ce bon citoyen n'en soit pas » réprimandé; nous le prions ainsi que tous vos compagnons, d'agréer nos sentimens de sincérité.

Boisrond est actuellement sur son habitation d'Aquin; lorsqu'il sera à celle du Fond, nous vous écrirons en commun; nous savons que messieurs vos frères se portent bien, ainsi que Labadie que nous avons surnommé le vénérable; *nous ne savons pas qui est celui d'entre nous qui partagera la gloire que vous avez acquise, mais il nous semble que nous pourrions bien nous dispenser de si-tôt de vous donner un adjoint; la Colonie va mettre tant de lenteur dans ses opérations, et qui sait encore ce qu'elle deviendra*, que nous croyons devoir lui laisser prendre une assiette avant de rien statuer.

Nous avons l'honneur d'être avec une très-parfaite considération,

Messieurs et chers compatriotes,

Vos très-humbles et très-obéissants serviteurs.

Signés, Rémarai, électeur des Cayes. Braquehais. Bleck. N. Morel. Et. Bouet. Narcisse Rollain. Massé. S. Glezit. Elie Boury. A. Rigaud, secrétaire.

Au fond de l'Ile Avache, Saint-Domingue, le 23 juillet 1790.

P. S. Donnez votre attention à la lettre de M. le Général, à sa déclaration et à la lettre de M. Coustard, et les diverses gazettes qui ont rapport à vos travaux.

Nous avons authentiquement fait nos protestations contre l'assemblée coloniale dans notre requête, et avons déclaré au général vouloir y être admis, ou ne point connoître de ses décisions sous toutes protestations quelconques; mais il y a apparence qu'elle va être détruite, nous vous enverrons le tout avec la réponse du général; opposez-vous toujours à toutes ses demandes, si nous n'y sommes compris, ne vous laissez pas surprendre, attendez toujours nos avis.

N°. 6.

Lettre de Labadie.

Colline-d'Aquin, le 17 Mai 1791.

MONSIEUR ET AMI,

J'ai reçu la lettre que vous m'avez fait l'amitié de m'écrire le 19 décembre dernier; votre lettre de change m'a été présentée de la part de M. Durand, officier municipal, à qui elle a été adressée. Elle m'a été protestée, parce qu'il n'étoit pas possible de pouvoir l'acquitter dans trois mois, ne m'étant pas possible de me cotiser pour cette somme; ceux à qui j'aurois pu m'adresser n'étant pas en situation de le faire, étant persuadé que ceux qui ont des moyens se coaliseront avec Boisrond; peut-être auriez-vous mieux fait de tirer les dix mille francs sur lui, petits et grands auroient contribué selon leurs moyens, et je n'aurois pas été le dernier.

Ne m'étant pas possible d'accepter la lettre de change, je vous en envoie une de mille livres sur M. de l'Horte, quoique je n'aie pas lieu d'être content de lui, j'espère qu'il ne fera pas difficulté

difficulté de la payer à dix jours de vue ; si je me fusse rappellé le nom de l'autre correspondant de M. la Cour, je me serois adressé à lui : il est vrai que n'ayant jamais fait d'affaires avec lui, il m'auroit fallu une lettre de M. la Cour.

Je souhaite que tous les sangs mêlés, en raison de leurs revenus, vous fassent toucher autant que je le desire.

Les paquets que vous nous annoncez, ne nous parviendront jamais ; on ne fait aucun quartier à nos lettres, on les ouvre on les supprime (1), on ne nous traite que d'ennemis de la colonie ; nous qui y sommes nés nous en serions les ennemis. Vous savez de quel ton leurs députés, *sur-tout ceux du Cap, parlent à l'assemblée nationale.*

Leur conduite n'est que contradiction, ils se plaignent du despotisme, *et l'exercent sur nous plus cruellement qu'il n'est exercé en Asie.* Ils disent, ils croient, et M. de Blanchelande l'a écrit, que les hommes de couleur étoient les affranchis *de tous les blancs* ; c'est le langage de M. Goui d'Arcy, à l'assemblée nationale. Que ne leur avez-vous opposé les articles 58 et 59 de l'édit de 1685.

Depuis que les blancs ont fait sauter la tête à M. Ferrand, pour avoir fait un mémoire en faveur des hommes de couleur, nous sommes comme muets ; J'AI ÉTÉ FUSILLÉ LE 26 NOVEMBRE 1789 (2), parce qu'on croyoit que j'en avois une

---

(1) C'est encore une preuve de l'inquisition que les blancs exerçoient sur mes frères ; d'après tout ce qu'on a lu jusqu'ici, on doit s'appercevoir que presque toutes mes lettres ont dû tomber entre les mains de nos ennemis, et que par conséquent si j'y avois prêché une doctrine contraire aux intérêts de la nation, comme m'en accusent MM. Page, Brulley et l'archevêque Thibault, on n'auroit pas manqué alors de dénoncer ces mêmes lettres.

(2) C'est ici le lieu de prouver que c'est à la lettre écrite de Versailles, le 12 août, par les députés des colonies à l'assemblée constituante, qu'on doit tous les troubles de la colonie. Dans cette lettre ils disent, QU'ON ARRÊTE LES GENS SUSPECTS, QU'ON SAISISSE TOUS LES ÉCRITS OU LE MOT DE LIBERTÉ EST ÉCRIT :

copie ; ils se sont emparés de mes papiers, j'en ai été pour quelques brochures qui étoient intéressantes.

PAR-TOUT ATTACHONS LES GENS DE COULEUR, MÉFIEZ-VOUS DE CEUX QUI VONT VOUS ARRIVER D'EUROPE. Cette lettre écrite le 12 août, à l'époque où aucun homme de couleur n'avoit encore fait des réclamations à l'assemblée nationale, arriva à Saint-Domingue vers la fin d'octobre 1789. Aussitôt, on écrit dans tous les quartiers de la colonie pour former des assemblées primaires, et par suite une assemblée coloniale, et on recommande de faire main basse sur tous les hommes de couleur qui oseroient y réclamer leurs droits, et même se présenter à ces assemblées. Au petit Goave, les hommes de couleur vont trouver le juge du lieu, *Ferrand de Beaudiere*, pour le consulter, et lui demander s'ils devoient espérer de participer à la régénération qui se prépare ; le juge leur répond par l'affirmative, et leur conseille de présenter un mémoire aux blancs qui sont formés en assemblée primaire dans la paroisse, les hommes de couleur le prient de vouloir bien lui-même rédiger ce mémoire, afin qu'il soit fait de manière à ne pas choquer ni déplaire aux blancs. Il y consent et le mémoire est rédigé. Cinq hommes de couleur seulement vont le présenter. A l'instant où ce mémoire est lu dans l'assemblée, plusieurs blancs sans aveu, et qu'on ne connoissoit point pour être même de la paroisse, se répandent dans la ville, y jettent l'alarme, en disant qu'on venoit de recevoir une lettre de France qui avertissoit tous les blancs de se méfier de tous les hommes de couleur, qu'il en étoit arrivé de France pour faire soulever ceux du pays et égorger tous les blancs ; de suite on saisit les cinq pétitionnaires, on les questionne, ils disent que leurs intentions étoient si pures, qu'ils n'avoient rien voulu faire sans consulter le juge du lieu qui avoit lui-même rédigé leur pétition. Aussitôt on saisit le malheureux juge Ferrand de Beaudiere et on lui tranche la tête pour faire un exemple terrible, et les hommes de couleur n'échappèrent que par une fuite prompte. Après cette expédition atroce, les mêmes hommes qui avoient répandu l'alarme dans cette ville, se portent 14 lieues plus loin, à Aquin, lieu de ma résidence ; là ils répandent la même alarme, racontent ce qui venoit de se passer au petit Goave, et disent que sans cela tous les blancs alloient être égorgés. Les esprits s'échauffent, tous les blancs, du bourg et quelques-uns de la campagne, s'arment au nombre de 30 ou 40, et vont la nuit chez plusieurs citoyens de couleur, fusillent ceux qu'ils trouvent, dévastent tout chez les absens. Voyez leurs lettres. Enfin, ces scènes se propagent dans tous les quartiers de la colonie, et les malheureux hommes de couleur sont par-tout poursuivis comme des bêtes fauves. De-là tous les

Les blancs ne sont pas d'accord entr'eux, la partie du Nord est divisée aussi, l'assemblée du Cap est composée de 96 membres de la ville seulement, les paroisses n'y ont point de députés.

G. LABADIE.

N°. 7.

Lettre de Boisrond.

Colline, le 17 mai 1791.

MON CHER COMPATRIOTE,

J'ai reçu avec la plus grande satisfaction, et la vôtre du 21 octobre et votre dernière du mois de décembre dernier, portant l'avis des traites dont vous vous êtes prévalu sur nous; vous avez très-bien fait de tirer ces lettres de change, car c'est le meilleur moyen de vous procurer des fonds : j'ai vu avec peine que nos autres compatriotes ont laissé protester votre signature; ne pouvant faire face à tout avec empressement, j'ai accepté celle que vous m'avez adressée de 5,000 livres tournois, tout honneur sera de ma part fait à votre signature : vous voyez que je suis toujours le même, votre plus ardent et plus zélé correspondant.

« MM. Larivoire partent trop tôt, je ne puis vous en-

---

malheurs de la colonie; il est si évident, que c'est cette lettre du 12 août qui a été la cause de tous les troubles, que le digne citoyen Gerard, l'un des députés colons blancs, les avoit prévus dans le post-scriptum qu'il ajouta à cette lettre funeste. J'engage le lecteur à relire cette lettre pour se convaincre, d'après les dates même, que c'est elle qui a occasionné tous les malheurs de Saint-Domingue.

» voyer ce que vous demandez ; d'ailleurs je vous ai marqué » par ma dernière quelle difficulté il falloit surmonter ou » combattre, et que nous prenions ici le parti de rester tran- » quilles. A cette occasion, je me conforme avec plaisir au » texte de votre dernière (1), en attendant dans la plus » grande sincérité les commissaires annoncés, pourvu, hé- » las ! qu'ils rétablissent la tranquillité, ce que la station n'a » pu faire, parce qu'elle a été gagnée, trompée et induite en » erreur, par ceux qui se servent du nom sacré du patrio- » tisme pour parvenir à leurs fins ».

Je ne vous envoye point de papiers publics, parce que je crois bien que ces messieurs doivent en faire toute la provision. « Vous y verrez avec horreur l'affreuse destruction commise » par le conseil du Cap, qui vient encore de faire exécuter » cinq personnes, il y a trois semaines.

« La colonie est actuellement divisée en trois factions (2), » savoir, 1°. celle qui, comme vous savez, soutient Saint-Marc, » et dont M. Maupin, maire, est en tête, pour Aquin, elle » s'est emparée de la station et fait tout à l'Ouest et au Sud, » il n'y a pas de despotisme plus cruel ; on se sert de tous » les gens sans aveu.

» 2°. Le parti aristocrate, tout aussi bien nos ennemis que » les premiers ; ils ne se coalisent que pour nous vexer ; de » ce nombre sont tous les habitans qui pensent bien ou par- » lent raison, on parvient à les éloigner des assemblées, en » leur faisant faire mille sottises par les vagabonds.

---

(1) Rien prouve-t-il plus authentiquement que j'ai toujours recommandé à mes frères d'être tranquilles ? Je ne cesserai de répéter que si les colons blancs eussent fait la millième partie de ce que j'ai fait pour conserver la tranquillité dans les colonies, jamais elle n'y eût été troublée.

(2) Lisez ce que j'ai dit à ce sujet, dans mes différens ouvrages sur la cause des troubles de Saint-Domingue, et on verra si tout ce que j'ai dit, n'est pas puisé dans les relations que mes commettans m'ont fournies.

« Enfin les personnes de couleur qui d'un bout à l'autre de » la colonie, sont outrées, mais attendent dans les horreurs » la justice de la nation, et tout de vos soins.

« J'ai fait passer votre lettre par toute la colonie, tant pour » vous faire des fonds, que pour calmer ceux dont le ressenti- » ment peut être porté au comble ; j'attends le retour de mon » exprès du Nord, pour vous donner des nouvelles de la » bonne réussite (1).

« Au Cap on a fait un service à feu M. Mauduit, idem, à » Saint-Marc, idem, au port de Paix, idem, à Aquin mardi » prochain. MM. Danglade, Saint-Ours, Marcillan, les Ni- » colas sont en tête ici. — Lors de l'assassin de ce militaire, » les municipaux ont dit par dérision que les personnes de » couleur perdoient un père. Le joli père, qui après s'être » servi de ses enfans, les avoit conduits au gibet (2) au Port-au- » Prince ; nous n'avons pas été assez dupes ici de donner dans » les piéges du gouvernement, d'ailleurs M. Blanchelande » est notre ennemi déclaré (3).

« Que diable est venu chercher Ogé dans ce pays-ci, pour » mettre tout en feu et faire faire une boucherie d'hommes » au Cap, en dépit même du décret de pacification ?

» Je trouve admirable l'apostrophe de M. Brissot à M. Bar- » nave, que j'ai lue dans le compte rendu des quatre-vingt-

(1) Il ne faut que lire ce passage, pour détruire toutes les calomnies atroces que MM. Page et Brulley et l'archevêque Thibault ont répandues dans leurs brochures.

(2) Voilà la preuve que les hommes de couleur n'étoient pas dans le sens du gouvernement.

(3) Nouvelle preuve que les hommes de couleur n'ont pas été les complices de Blanchelande, comme ont osé le dire MM. Page et Brulley.

» cinq (1). Nulle brochure de votre part ne m'est parvenue. Donnez-vous bien de garde de rien adresser à aucun blanc pour » nous, tout est intercepté, jusqu'aux lettres de mon cor» respondant (2) ».

Voulez-vous me rendre le service de vous charger du soin de ma famille en France, on a su corrompre celui auquel je me suis adressé; quant à faire revenir mes enfans, nouvelles horreurs pour être mis à terre ici : je suis à cet égard dans la dernière perplexité et votre réponse me sera très-agréable. S'il vous est loisible de donner vos soins à ma famille, je vous ferai passer les fonds à ce nécessaires.

L'occasion presse. François veut partir dans le moment, pour Jacmel, « adieu, mon bon ami, je vous embrasse mille » fois ; nos amitiés et respects à Madame; suivons notre cause » et mourons plutôt que d'y renoncer : votre inviolable ami,

BOISROND *jeune.*

N°. 8.

Lettre de Boisrond.

MON CHER COMPATRIOTE,

Comme vous verrez par les détails que nous vous faisons, nous sommes extraordinairement vexés ici; inhabiles à faire nulle représentation, nous pouvons à peine sortir de chez nous, sans courir les risques d'être insultés : il n'y a de sû-

---

(1) C'est ainsi que l'on nommoit les membres de l'assemblée de Saint-Marc.

(2) Par-tout on voit l'inquisition qui régnoit contre les citoyens de couleur.

reté nulle part, pas même dans nos lits (1). François Raimond vient de faire une cruelle maladie ; il est actuellement en convalescence.

Pour nous faire parvenir votre réponse, il faudroit prier mon commettant, à qui vous l'adresserez, de l'acheminer dans le milieu d'un baril de farine, et qu'il m'en envoie au moins deux, en disant que c'est pour ma provision. Il ne sera pas besoin de noter celui où sera votre reponse, je fouillerai les deux barils. N'oubliez pas cette note qui est de la dernière conséquence, sinon rien ne nous parviendra ; et votre réponse, tombant comme toutes lettres que vous nous aurez écrites, en d'autres mains, sont autant de pièces qui nous font des ennemis, en servant à nous vexer davantage. Avez-vous vu Colon ? avez-vous reçu mes deux lettres ?

Adieu : je vous embrasse mille fois.

BOISROND *jeune*.

N°. 9.

Lettre de mon Frère.

Baynet, le 25 mai 1792.

Mon cher frère, je profite de l'occasion des Larivoire qui partent pour France, pour vous écrire ; je désire que ma lettre vous trouve en bonne santé, ainsi que ma chère mère : ma femme et moi ne respirons que le moment de vous em-

---

(1) Par-tout se trouve la preuve des plus horribles vexations exercées contre les hommes de couleur, par-tout on voit la résolution qu'ils ont toujours prise de les supporter patiemment ; d'après cela n'est-il pas évident que les colons blancs sont les auteurs de tous les désastres de la colonie, par leur *acharnement à provoquer les hommes de couleur* ?

brasser, ce que nous aurions fait, sans les pertes et revers malheureusement trop souvent attachés aux fortunes de ce maudit pays; nous espérons que nous aurons quelque jour cette satisfaction.

J'ai reçu votre lettre sous le couvert de M. Thomas, où vous me dites avoir vendu vos biens à M. de Lamain; ce que j'ai vu avec plaisir, car je craignois qu'on n'eût fait quelque motion pour vous en frustrer, et les partager aux blancs, comme on en murmuroit déjà, ainsi que de tous ceux des gens de couleur. Ceci paroîtra un paradoxe en France, mais il n'est pas moins vrai qu'on se permet tout contre cette classe, avec la certitude de n'être pas réprimé. Je n'ai pas répondu à votre lettre, parce que l'inquisition qu'on exerce avec zèle sur la correspondance des gens de couleur, m'en a empêché, et me prive de recevoir aucune de vos nouvelles par voie directe (1).

M. Thomas a pris possession de l'habitation; la jalousie, qui a été de tous les siècles, l'a étourdi en lui disant que M. de Lamain avoit payé ce bien beaucoup trop cher. Cette jalousie a été accréditée encore par ceux qui croyoient partager cette proie, et qui voyoient maintenant leur espoir déchu (2);

---

(1) Nouvelle preuve des vexations odieuses exercées envers les hommes de couleur, et des projets qu'on avoit conçus contr'eux.

(2) Voilà comment mes ennemis vouloient me traiter, par cela seul que je défendois ici la cause de mes frères; voici ce qui donna lieu à la motion dont il est question. Les colons blancs députés à l'assemblée constituante et leurs partisans, voyant que j'étois le seul homme de couleur à Paris, dont le zèle et la fortune pouvoient le soutenir pour suivre la cause de ses frères, imaginèrent *de me couper les vivres* (ce fut là leurs expressions). En conséquence ils écrivirent à mon correspondant, à Bordeaux, pour me refuser des fonds. Ce qu'il exécuta en partie; ainsi, pour pouvoir me soutenir, je fus obligé de vendre les bijoux de ma femme, les miens et notre argenterie. Les colons voyant par cette ressource, leur projet manqué, imaginèrent d'aller à la source, et

tout

tout ceci a engagé M. Thomas à faire une revue des travaillans par des arbitres qui ont trouvé dans le nombre des 80 que vous désignez travaillans, neuf infirmes. *Je fus appellé pour me trouver à cet acte; je répondis à M. Thomas que les circonstances m'empêchoient de m'y rendre: en effet, qu'aurois-je fait là? Toutes les observations que j'aurois pu faire m'auroient attiré sans doute des humiliations dans ces momens d'anarchie.* Quelques jours après j'observai à M. Thomas qu'on ne reconnoissoit un negre infirme, que lorsqu'il étoit absolument hors d'état de faire aucun ouvrage; mais que

---

prendre un moyen pour me ruiner tout d'un coup. Pour cela ils écrivirent à Blanchelande que j'étois parti pour Saint-Domingue, dans le dessein d'y faire soulever les hommes de couleur. Celui-ci écrivit la lettre ci-jointe (*a*).

Copie d'une lettre écrite par M. Blanchelande à la municipalité d'Aquin, du 25 novembre 1790.

« Je suis informé, MM., que le nommé Raimond aîné, sous le nom de S. » Réal, est un des chefs désignés pour opérer l'insurrection des gens de » couleur dans la colonie; que ce S. Réal est maintenant dans le quartier » d'Aquin, pour engager les mulâtres à arborer l'étendart de la révolte; » je vous fais part de cet avis, afin que vous preniez les mesures que vous » croirez les plus convenables, pour vous assurer de cet homme de couleur » et prévenir par-là les effets de ses projets criminels.

J'ai l'honneur d'être, Messieurs,

Signé, BLANCHELANDE.

Cette lettre, comme on voit, étoit bien propre à produire l'effet qu'on en attendoit. Comment croire après toutes ces perfidies des blancs, à leur prétendue bonne-foi, sur-tout encore après avoir vu le tour de gentillesse exercé sur ma lettre du 4 mars 1791, par MM. Page, Brulley et l'archevêque Thibault.

(*a*) Pareil stratagême fut employé à l'égard du citoyen Fleury, homme de couleur, afin de faire également dévaster ses possessions. Voyez le rapport que M. Tarbé a fait à l'assemblée législative, sur l'affaire des Colonies.

pour peu qu'il pût être occupé, il étoit censé travaillant. Enfin ce sont des hommes qui peuvent être employés à travailler sur les corails et même sur l'habitation, à tailler les haies et les faucher. De pareils sujets ne peuvent être réputés infirmes.

De toutes vos lettres de change, il n'y a que celle sur Bois-Rond qui ait été acceptée ; mais je crois bien que celles qui ne l'ont pas été, les fonds seront rendus en France aussitôt que le protêt. Labadie vous écrit et vous en envoie une à huit jours de vue sur M. Delorthe (1). *Celle sur Boury n'a pu être acceptée, parce qu'il n'est pas aux Fonds. En voici la raison : Bourry, ainsi que tous les gens de couleur de Saint-Domingue, croient pouvoir jouir des faveurs de la nouvelle constitution, comme faisant partie de la nation française ; ne pouvant jamais imaginer que l'assemblée nationale après avoir renversé l'ordre de la noblesse, celui du clergé, pour rendre tous les hommes égaux devant la loi, entende que les blancs de Saint-Domingue fassent seuls la loi aux gens de couleur qui forment, sans contredit, la moitié de la population libre de l'isle* (car il ne faut que jetter les yeux sur le recensement général pour se convaincre de cette vérité). « Non, cela ne s'accorderoit pas avec la justice de » ses décrets. Bourry, dis-je, avoit réclamé l'article IV des » instructions : on le poursuit ; il se sauve sur les montagnes. » Bientôt six cents de ses camarades se joignent à lui ; on va » après eux avec des canons pour les détruire. Sans doute » ils se défendent et repoussent les blancs, et se tiennent » cantonnés dans la montagne sans attaquer les blancs ni » leurs possessions. Le gouvernement, sur la demande des » blancs, envoie des troupes de ligne contre eux ; ils re-

(1) Ces cent pistoles sont les seuls fonds que j'aie jusqu'à présent touchés sur plus de cinquante mille francs de déboursés pour la défense des droits de mes frères, en frais d'impressions et autres indiqués dans mes lettres.

» mettent, sans résistance, au commandant des troupes leurs » armes, n'ayant jamais eu d'autre intention que de se dé» fendre lorsqu'on vouloit les détruire, parce qu'il est assez » malheureux qu'on cherche à détruire des hommes libres » qui demandent à participer aux faveurs de la nouvelle » constitution. Le commandant de la troupe de ligne en con» duisit six au Port-au-Prince, où ils furent mis en prison » et aux fers; et ils auroient, sans doute, subi le malheu» reux sort d'Ogé et autres au Cap, qui ont péri sur l'écha» faud pour avoir réclamé ce même article IV, sans l'arri» vée de la station. Dans ce moment toutes les prisons ont » été ouvertes : les prisonniers se sont sauvés; ils se sont » trouvés du nombre, quoique l'intention n'étoit pas d'élar» gir les gens de couleur. Ils n'ont pas osé retourner dans » leur quartier. Ainsi, d'après ceci, Bourry, qui étoit du » nombre, n'a pu accepter la traite tirée sur lui ».

Nous attendons avec impatience l'arrivée des commissaires qu'on nous annonce depuis long-tems.

Mais ce qu'il y a de bien vrai, c'est que les gens de couleur ne pourront jamais croire que l'assemblée nationale laisse aux blancs de Saint-Domingue le pouvoir de leur faire la loi, ce qui seroit contre toute justice. On dit que cette classe est peu connue en France : l'assemblée nationale sait qu'elle existe et que les individus qui la forment, ont droit à sa sollicitude, comme nés Français. On les peint comme des monstres : l'assemblée nationale peut se convaincre en voyant ceux de cette classe qui sont dans la capitale (car il n'en manque pas); elle peut, dis-je, en voyant ceux-là, avoir une parfaite idée de ceux qui habitent Saint-Domingue. Ces mêmes blancs qui peignent cette classe sous les plus noires couleurs, ce sont eux qui les ont faits; c'est leur sang qui coule dans leurs veines. Il valoit bien mieux les laisser dans le néant, que de leur donner l'être, pour les humilier; ces mêmes blancs disent que c'est le fruit d'un

A
B

concubinage affreux. Tous ne sortent pas de cette origine : en outre, pourquoi les font-ils? pourquoi une grande partie d'entr'eux maltraitent leurs femmes blanches, les quittent pour vivre publiquement avec leurs esclaves ou avec des femmes de couleur libres? D'après cela ne les rendent-ils pas leurs égaux? Devant quel tribunal pourroient-ils prouver le contraire, et persuader que les enfans qui en sont issus ne doivent pas être leurs égaux? Les gens de couleur ne peuvent donc pas présenter leurs doléances à l'assemblée nationale avec la même facilité que les blancs, parce qu'on met trop d'entraves dans leurs correspondances; parce qu'on sait que leur cause est juste; car les blancs ont fait périr plusieurs de leurs semblables (1) attachés au pouvoir exécutif ici, disant qu'ils s'opposoient à la révolution; et ils font périr les gens de couleur qui réclament les décrets de l'assemblée nationale. De quel œil les législateurs français verront-ils une pareille contradiction?

Les blancs disent que les localités exigent une déférence sans laquelle la colonie n'existeroit pas. A qui pourront-ils le persuader? Les princes, les nobles, le clergé sont soumis à cette égalité envers les hommes de la naissance la plus basse; et les blancs de Saint-Domingue crient contre cela, qui, la plupart, ... Grand Dieu! je me tais. Vous savez tout.

Quand un homme de couleur sera reconnu citoyen, et que la loi sera égale pour lui comme pour le blanc, ou, pour mieux dire, qu'il sera l'égal du blanc devant la loi, cela empêchera-t-il ces mêmes blancs de cultiver leurs biens et d'augmenter leurs fortunes? Non : ils ne le prouveront devant aucun juge. *Ce n'est que leur orgueil qui se trouve*

(1) Preuve de l'aristocratie des colons blancs, et que les premiers massacres commis dans les colonies, l'ont été par les colons blancs envers leurs semblables, et ensuite envers les hommes de couleur.

anéanti de n'avoir plus l'avantage de les humilier, les maltraiter et quelquefois s'emparer d'une partie de leurs biens, avec la certitude de n'être pas réprimés; voilà ce qui les blesse, et non pas les localités; car, jettez un coup-d'œil sur leurs écrits et sur les gazettes de ce pays, vous verrez la vérité de ce que je dis.

Adieu : je vous embrasse.

Votre ami et frère,
F. RAIMOND.

On n'a pas reçu les paquets que vous annoncez dans vos lettres d'avis : il est vrai que rien ne passe pour nous.

N°. 10.

Copie de la lettre de M. Gerard (1), *au comité des Cayes, en date du* 15 *mars* 1790.

Quant aux gens de couleur et autres affranchis, *je conçois que les plus importantes considérations ne vous permet-*

---

(1) Le citoyen Gerard étoit un des colons blancs, député à l'assemblée constituante, mais un parfait honnête homme, qui ne partageoit pas les préjugés, ni les vues perfides des autres colons. Aussi finirent-ils par se séparer de lui et le menacer de faire incendier ses possessions; parce qu'il écrivoit à Saint-Domingue, comme on va voir, dans un sens bien différent des autres colons blancs? Hé! plût au ciel, qu'il n'y eût eu que lui et moi qui y eussions écrit; nous ne pleurerions pas aujourd'hui sur les malheurs de cette colonie.

L'auteur de cette lettre est le même Gerard que celui qui a écrit le post-scriptum de la lettre des colons, en date du 12 août 1789, et *réimprimée ici*, page 7 et suiv..

tront jamais d'être parfaitement justes à leur égard (1); mais vous examinerez par quels moyens on peut les affectionner le plus à la prospérité et à la conservation de la colonie: *vous savez que, dès qu'on le voudra, ils en seront les plus zélés défenseurs; et qu'il ne tiendroit qu'à eux d'en être des ennemis redoutables; mais je suis sûr qu'ils ne demandent pas mieux que de montrer leur zèle et leur attachement pour la chose publique* (2). J'ai lieu de croire qu'ils recevront avec reconnoissance ce que la justice et la prudence vous porteront à leur accorder. Je suis même persuadé que, d'après les prétentions exagérées que leurs agens ne cessent ici de faire valoir auprès de l'assemblée nationale, il vous sera aisé de les satisfaire à peu de frais, et sans blesser *les convenances sociales établies dans la colonie* (3); mais il me semble que vous ne devriez pas les écarter des assemblées primaires ou paroissiales (4), et qu'il n'y auroit aucun inconvénient de les y admettre aux conditions que la loi aura prescrites; ils seroient en plus petit nombre que les blancs; en second lieu, je pense qu'un sentiment de pudeur et de reconnoissance ne leur permettroit, dans aucun cas, de prétendre à une place qu'une libre élection ouvrira à tous les citoyens actifs, soit dans les assemblées coloniales ou de département, soit dans les municipalités ou les tribunaux in-

---

(1) Cela est-il expressif? qui pourra douter d'après cet aveu que ce soient les colons blancs seuls qui aient fait naître et entretiennent les troubles dans la colonie, en s'opposant à la loi du 4 avril 1792? *Par les importantes considérations* (leur orgueil) *qui ne leur permettent pas* D'ÊTRE JUSTES ENVERS LES HOMMES DE COULEUR.

(2) A combien de réflexions ce peu de lignes n'entraînent-elles pas? Qui n'y voit tous les malheurs de la colonie prédits?

(3) On voit bien clairement ici, qu'il n'est question que de l'orgueil et de l'aristocratie des colons blancs.

(4) Il est donc vrai qu'ils en étoient écartés.

férieurs de justice. Je suis d'autant plus fondé à interpréter ainsi leurs sentimens, qu'ils ont été pénétrés de reconnoissance pour la faveur que vous leur avez faite au mois de novembre, d'admettre deux de leurs députés à une séance de votre comité. J'ai su de plusieurs personnes, et notamment de M. Denis, que le sieur Raimond d'Aquin, leur principal agent à Paris, partageoit tellement leur gratitude, que malgré les hautes prétentions qu'avoient pu lui inspirer les principes d'égalité politique, établis par la constitution, il avoit formellement promis de ne faire aucune démarche auprès de l'assemblée nationale, et de s'en rapporter entièrement à votre justice dans tous les arrangemens que vous jugerez à propos de prendre à leur égard. Telles étoient ses dispositions et celles de ses commettans, lorsque les excès que l'on s'est permis au petit Goave, et ensuite à Aquin ont porté les défenseurs de cette classe d'hommes à réclamer avec plus de force qu'ils ne l'avoient encore fait (1). Ils se sont présentés hier au comité des colonies; et, après avoir par l'organe de M. Dejoly, leur avocat, plaidé leur cause avec TROP D'ÉNERGIE ET DE SUCCÈS, ils ont laissé sur le bureau un mémoire tendant à demander leurs justes droits à la représentation coloniale et la nécessité de les en faire jouir; ils n'ont pas oublié les oppressions qu'ils éprouvoient, et qui, suivant eux, ne manqueroient pas de se perpétuer, si l'as-

(1) Que diront MM. Page, Brulley et l'archevêque Thibault, de cette tirade? Est-ce moi à présent qui ai fomenté les troubles de Saint Domingue? Est-ce moi qui ai provoqué les hommes de couleur? sont-ce les hommes de couleur qui ont commencé les premiers massacres de Saint-Domingue? Ah! combien ces trois hommes perfides trompent les sociétés populaires et la représentation nationale, par tous leurs mensonges et toutes leurs perfidies, qu'ils cachent par un faux patriotisme! Cette lettre écrite par un colon blanc, doit servir de phare pour faire remonter aux vraies causes des troubles de Saint-Domingue, et en faire connoître les véritables auteurs. (Lisez la note dans laquelle je rends compte de ces deux évènemens, pour ce qui concerne les assassinats des citoyens Ferrand de Beaudière, Labadie et autres.)

semblée nationale ne s'expliquoit à leur égard dans l'instruction qui doit accompagner son décret du 8 de ce mois, de la manière la plus claire et la plus formelle (1); ils ont fini par déclarer que, si on leur refusoit la justice qui leur est due, le désespoir pourroit les porter à des extrémités fatales, qui seroient dans ce cas, leur dernière ressource. J'ai vu, avec peine, que ce discours a fait une forte impression sur l'esprit de M. Thouret, président de notre comité, ainsi que sur la plus grande partie des autres membres; j'aurois bien voulu, ainsi que MM. Payen de Boisneuf, Pélerin de la Bruxière, Raynaud et Gareschê, pouvoir faire sentir au comité, les inconvéniens qui, dans cette circonstance, peuvent résulter de l'explication formelle qu'on nous demande. Nous avons représenté que, dans un moment où tant d'autres inquiétudes tourmentent les colons, *il y auroit un tel grand danger à leur donner un nouveau sujet de mécontentement* (2), qu'il étoit plus convenable et plus sage de leur laisser le mérite et la faculté d'exercer un acte de générosité très-propre à inspirer aux gens de couleur des sentimens d'affection et de reconnoissance, et à établir la plus parfaite harmonie dans les différentes classes qui composent la population de la colonie. Il n'a encore été rien décidé à cet égard par notre comité; mais, en supposant que son projet d'instruction laisse les choses dans le vague que je désirerois, il est à craindre qu'il ne s'élève dans l'assemblée nationale des ré-

(1) On voit que les hommes de couleur qui étoient en France n'avoient que trop raison d'appréhender les persécutions dont ils faisoient mention au comité colonial.

(2) Tout se dévoile à la fin. On voit ici que ce n'est que par des espèces de menaces faites au comité colonial, qu'on l'a empêché de s'expliquer sur l'article 4, des instructions du décret du 24 mars. On voit bien clairement aujourd'hui que c'est cette foiblesse du comité colonial, dominé alors par Barnave, qui a causé tous les maux de la colonie. Lisez *mes réflexions sur les causes des troubles et des désastres de Saint-Domingue*, et ma lettre au citoyen D***, député à la Convention, et vous verrez si j'ai indiqué les véritables causes des troubles.

clamations

clamations en faveur de l'explication demandée, et que tous nos raisonnemens ne soient enchaînés devant les principes qui nous seront opposés. Au reste, vous ferez en ce cas, ce que la prudence, la justice et le patriotisme vous imposeront pour le bonheur et le repos de la colonie.

(*Ici il passe à autre chose concernant les décrets, etc.*)

M. de Raynaud désireroit écarter ce qu'on appelle au Cap les petits blancs (1); mais si, comme il y a lieu de le croire, les gens de couleur sont admis dans vos assemblées primaires, il y auroit un inconvénient choquant, et peut-être du danger à vouloir diminuer dans les assemblées, le nombre des votans, d'autant qu'il est aisé de voir que l'espèce des gens de couleur qui se multiplient de différentes manières, sera bientôt plus nombreuse que l'espèce européenne; quelque parti que vous preniez, il vous sera peut-être très-difficile d'établir à cet égard un état de choses qui ne soit sujet à quelques inconvéniens; mais je suis persuadé que, moins vous vous écarterez des principes de la raison et de la justice, moins vous donnerez de prise aux événemens qui peuvent troubler le repos de la colonie, et compromettre la sûreté et le bonheur de ses habitans, etc., etc.

Pour copie conforme à l'extrait qui nous a été fourni.

BOIS-ROND *jeune*.

Nous nous félicitons de votre liaison avec M. Gérard : sa lettre nous fait penser bien différemment de lui. Il seroit à souhaiter que ceux qui habitent la colonie eussent une portion de son mérite et de ses vertus. Faites-lui bien nos respects.

---

(1) N'est-ce pas là de l'aristocratie bien prononcée ? hé bien, voilà des hommes qui siégeoient pourtant au côté gauche de l'assemblée constituante ; qu'on se fie après cela au patriotisme que les colons blancs affichent aujourd'hui.

Ne nous oubliez pas auprès de M. l'abbé Grégoire : nous prendrons la liberté de lui offrir un quart de café en cadeau.

BOIS ROND.

N°. 11.

Léogane, le 27 août 1791.

MON CHER COMPATRIOTE ET TRÈS-HONORÉ FRÈRE,

Je suis chargé par mes compatriotes de ce quartier, de vous remettre le journal ci-inclus, aussi modeste qu'il a été possible, au moins partie des faits n'a pas été portée ; il y a eu d'autres vexations inouïes qui ne sont pas relatives. Vous trouverez encore d'autres pièces qui ne seront pas inutiles ; vous en ferez ce que vous dictera votre sagesse et votre prudence, vous observant que l'inquisition est toujours très-forte, sur-tout contre moi. Si je suis à la campagne, je tiens des assemblées nocturnes ; si je suis en ville, tous mes pas sont observés et toujours menacés, malgré que le décret du 15 mai nous soit connu, et qu'un chacun se prépare à jouir de ses bienfaits (1). « M. de Blanchelande ne peut plus être notre protec- » teur ni notre appui. Depuis la remise qu'il a fait faire, à l'assem- » blée provinciale du Nord, d'Ogé, Chavanne et nombre d'autres, » vous devez avoir appris qu'ils ont été égorgés au nombre de 21 » ou 22 dans un jour, et 10 ou 12 autres infligés de la plus » horrible des peines, pour avoir demandé à jouir de la ré- » génération (2). Cette boucherie doit passer dans tous les » siècles, et doit être en horreur à tout le genre humain ; » elle est sans exemple : nos cannibales les plus féroces n'en

(1) Partout on voit les preuves des persécutions qu'on faisoit éprouver aux hommes de couleur, surtout à ceux qui montroient le plus d'attachement à la patrie.

(2) On voit combien les hommes de couleur ont été vexés pour avoir demandé l'exécution de la loi du 15 mai.

» ont jamais fait autant. Cet exemple que l'on croit un moyen » de nous effrayer, n'est au contraire que pour nous faire » vaincre ou mourir, lorsqu'il s'agira de jouir de la liberté » que nous offrent nos législateurs, restaurateurs de la li- » berté française (1), si on veut s'y opposer; car, que peut-on » attendre de pareils ennemis, pires que les antropophages? ».

Le conseil est cassé, les jurisdictions du Port-au-Prince, Saint-Marc, Jéremie et le petit trou, par l'assemblée provinciale, séante au Port-au-Prince.

L'assemblée générale a été constituée dans ce quartier, sous *la dénomination de celle de Saint-Marc*; ensuite ils ont délibéré d'aller au Cap, tenir leurs séances : ce qui fut décidé à la pluralité des voix. J'ai voulu en savoir les raisons; les uns disent, que c'est pour être plus en sûreté; d'autres disent que le Cap est plus fortifié, qu'on seroit à même de se mieux défendre (2). J'ai beau me creuser la tête pour savoir contre qui, je ne peux, ou je ne sais le savoir; ce qu'il y a de certain, « c'est qu'il n'y aura pas un seul homme de couleur qui sera » de cette partie, contre un ennemi inconnu, peut-être trop » redoutable »; enfin la suite nous éclairera mieux. « *En attendant ce moment, tous les hommes de couleur se sont* » *promis d'être tranquilles, de tout souffrir, hors la mort ou la* » *prison qui peuvent nous y mener.*

» Je ne peux vous dissimuler, mon cher compatriote, que » s'il arrivoit qu'on voulût encore recommencer ces mêmes » vexations, de voir un carnage affreux qui sera peut-être » la ruine totale de la plus belle des colonies; car les nègres, » dont nous sommes plus à portée de voir les mouvemens, que » ces MM., ne respirent que de voir une affaire bien décidée des blancs contre nous, pour faire l'insurrection gé- » nérale, car vous savez que nous leur en imposons; mais

(1) Est-ce là le langage d'un modéré et d'un partisan de l'ancien régime?

(2) Contre qui, si ce n'est contre la volonté nationale; car à cette époque nous n'étions en guerre avec aucune puissance maritime.

» si une fois ils voient notre rupture, rien ne les retiendra, » et l'affaire sera affreuse ».

Vous savez qu'il y en a une quantité prodigieuse retirée aux Grand-Bois, c'est-à-dire, dans la partie sud-est de ce quartier, limitrophe des Espagnols, qui les facilitent en tout; et que, jusqu'à ce moment, l'on n'a pas pu soumettre. Eh bien! j'ai appris qu'ils sont actuellement en correspondance avec ceux du cul-de-sac, dont il y a grand nombre à l'écart, depuis qu'ils ont fait une insurrection, et dont il y a eu 5 ou 6 exécutés au Port-au-Prince; et toujours nous apprenons avec peine qu'ils se remuent et ne sont plus subordonnés comme ils l'étoient. Témoin l'affaire arrivée sur l'habitation Bourgogne, belle-mère de M. Coustard; le commandeur en second, vouloit changer de procureur : les négres se sont soulevés, ont refusé l'obéissance et n'ont pas voulu recevoir le nouveau procureur; de sorte qu'on fut obligé de leur accorder l'ancien. Je ne peux m'imaginer comment, et après tant d'exemples, ces MM. ne voient pas le malheur qui arrivera, s'ils ne veulent pas nous satisfaire (1).

« Je vous observe aussi que les atrocités, les vexations » inouies, faites dans presque tous les quartiers de la colonie, » ont fait quitter le service à tous les hommes de couleur; je » comprends les négres libres. Cette retraite ne peut que faciliter la fuite des noirs esclaves, et assurément les traitemens qu'on a pour nous, n'engageront personne d'aller exposer leur vie, à moins que ce ne soit contre les nôtres. » J'en possède 20 qui sont traités comme moi, et que je regarde comme mes enfans; mais je tremble que le mauvais » exemple ou de mauvais conseils ne les engagent à faire » comme les autres. Mais je pourrois leur dire, si cela arrivoit : mes enfans, faites-moi le mal que je vous ai fait.

(1) Tout cela prouve que les colons blancs vouloient plutôt perdre la colonie et tout sacrifier, que d'obéir à la loi, ainsi qu'ils l'avoient dit et l'avoient fait dire à Blanchelande dans les lettres qu'il adressoit au ministre et à l'assemblée constituante.

» S'ils sont justes, je n'aurois rien à redouter, d'ailleurs partie » sont mes filleuls ».

Le quartier fait l'effort qu'il doit; et sans un évènement imprévu, il auroit été exécuté par d'autres plus riches dans la cotisation pour payer les 25000 liv. tournois, tirés sur nous, suivant que nous en a prévenu l'ami Boisrond jeune, un de ceux sur qui vous vous êtes prévalu.

« Nous n'attendons que la faveur de nous assembler ouvertement, pour nous occuper sans relâche du don patriotique que vous avez offert pour nous aux représentans de la nation. Cette offre flatte singulièrement l'orgueil de nos frères de ce quartier et de tous ceux que j'ai vus (1). Je ne crois pas qu'il peut exister un seul homme de la classe régénérée qui ne soit porté du plus grand cœur à surpasser votre ordre, ou l'arrangement que vous avez prescrit (2). Des gens honnêtes et vrais, que j'ai vus, m'ont assuré que M. Jean Joly, habitant de Lartibonnite, l'un des persécutés, offre 33000 liv., argent de la colonie, et une infinité d'autres, depuis 10000 liv. jusqu'à 50, portugaises. Soyez sans inquiétude sur cette offre, nous ne nous donnerons du repos que lorsque vous serez tranquille et satisfait, et vous n'aurez jamais à vous repentir d'être l'organe des hommes qui ambitionnent toutes sortes de vertus (3), que cependant l'on présente comme une troupe de bandits, prêts à faire tout le mal possible. L'on ne nous a jamais vu nous attrouper, aller arrêter le courier pour le dévaliser et piller les lettres pour connoître le secret dont on nous prive de toute manière, pour répandre des nouvelles

---

(1) Les colons blancs, pour priver les hommes de couleur des avantages de l'égalité, avoient répandu le bruit dans la colonie, que le don patriotique des hommes de couleur ne seroit pas reçu.

(2) Voilà une nouvelle preuve des hommes de couleur, rélativement au don patriotique : tout cela doit confondre la perfidie de mes ennemis Page, Brulley et l'archevêque Thibault.

(3) Comment peut-on imputer à des hommes qui parlent un pareil langage, tous les crimes et l'esprit de contre-révolution dont veulent les accuser aujourd'hui les colons blancs ?

» à nous allarmer ; nous n'avons jamais assassiné personne » ni même conçu l'idée, malgré que notre sang ruissèle sur » la terre de Saint-Domingue et ailleurs, pouvant cependant » user de représailles ; mais l'idée que les négres profiteront » et dévasteront cette belle colonie, nous a fait suspendre, » ou pour mieux dire, renoncer à cela. L'on nous reproche » d'être fiers : cela peut être ; mais notre fierté est fondée sur » la vertu des hommes sans reproche.

» De tout côté, l'on nous dit que le décret du 15 mai ne » sera pas exécuté, qu'on aimeroit mieux perdre l'île. Quant » à moi je m'imagine que c'est une mutinerie d'écolier (1), parce que, 1°. il y a trop de mécontents de la révolution du » 4 mars dernier ; 2°. toutes ces cassations d'hommes en place ; » 3°. le Port-au-Prince et le Cap ne se réuniront jamais, ils » me paroissent avoir des raisons pour cela ; 4°. notre po- » pulation est au moins égale à celle des blancs en général, si » elle ne passe; il en faut soustraire tous ceux ci-dessous : quan- » tité de riches qui ne se mêleront de rien ; beaucoup qui ont » des enfans de notre classe qui attendent la promulgation » du décret du 15 mai, pour faire un sort à leurs enfans par » le mariage ; et d'autres enfin qui ne sont que passagers » dans la colonie, c'est-à-dire, venant faire fortune pour se » retirer.

» Je conclus donc que notre classe suffiroit pour faire exé- » cuter tous les décrets nationaux en nous protégeant par un » chef intègre. Quant aux troupes de ligne, elles peuvent » être corrompues, à moins que ce ne soient celles des districts » qu'offre la ville de Bordeaux, ou autres de même (2) ». Mais je reviens encore à nous. Beaucoup de jeunes gens s'offrent de

(1) Ceci est une nouvelle preuve de l'opposition des colons blancs au décret du 15 mai. Comment croire après tout cela à l'empressement que ces mêmes colons paroissent mettre à l'exécution de la loi du 4 avril ?

(2) On se rappelle qu'à l'époque du 15 mai, plusieurs villes maritimes offrirent, par des adresses à l'assemblée nationale, d'envoyer dans les colonies des gardes nationales pour y faire exécuter le décret.

s'engager ; je ne crois pas qu'il soit difficile de faire trois mille hommes de troupes de ligne : tous ceux qui ont été à Savanaht s'offrent encore (1), et j'ai l'orgueil de croire que ces trois mille hommes, ayant à leur tête un homme comme feu M. Mauduit, seroient un torrent à qui lucifer ne pourroit rien opposer.

Je serois charmé que vous voyiez M. le comte de Peynier, ci-devant gouverneur de la partie française ; communiquez-lui ma lettre, si vous le jugez nécessaire. « Il vous dira que c'est » parce que nous nous sommes offerts au gouvernement, qui » a empêché la ruine totale du Port-au-Prince, par l'armée » des blancs, campée à Léogane et à Saint-Marc, protégée » par le Léopard. Sans nous tout étoit perdu : M. Mauduit, » avec environ six cens hommes effectifs, ne pouvoit em- » pêcher ces deux armées de se joindre au Port-au-Prince. » Il faut encore vous observer que le détachement de M. de » Vincent, campé au Gonaive, composé d'environ 1000 hommes, » étoit une partie ou un tiers de couleur, qui, par leur ré- » solution, faisoient trembler ; joint à cela, on faisoit cou- » rir le bruit ici que j'étois sorti avec 300 volontaires, et » que je m'étois rendu au Port-au-Prince. Pour être tranquille, » après la retraite de cette armée, il m'a fallu avoir le » certificat ci-inclus ».

Excusez-moi, mon cher compatriote, de ce long détail sans ordre ni arrangement, c'est l'empressement de profiter de cette occasion qui me paroît bien favorable, et vous vous en appercevrez sans doute : « l'inquisition est encore si forte, que » nous n'osons nous fier à personne pour faire passer nos » lettres, pas même aux Bordelais qui sont ici (2) ».

Cet évènement m'a arriéré de 50000 liv. au moins, pour la

---

(1) Dans les guerres de l'Amérique, il fut formé un corps d'hommes de couleur à Saint-Domingue qui fut combattre en faveur de la liberté en Amérique. C'est de ces hommes dont on parle ici.

(2) Toujours et partout des preuves des persécutions faites aux citoyens de couleur.

privation de mon commerce, de mes recouvremens, l'abandon de mes négres, depuis l'époque du 22 novembre 1792, et des frais immenses que m'ont fait mes persécuteurs, dont plusieurs étoient mes créanciers, qui se sont réunis pour m'écraser. Ci-inclus une lettre.

J'ai acquis de cet homme deux emplacemens pour 20000 liv., je lui en ai compté 14000; j'ai fait des améliorations pour 60000 liv., et voyez les menaces qu'ils me font : je ne doute pas qu'ils ne les exécutent. Jugez de ma position : joint aux peines infinies que j'ai éprouvées par la perte de 4000 liv. de chevaux, ès prisons du Port-au-Prince, pour autant de morts sur les habitations de cette plaine, la vente d'une superbe voiture, vendue à perte pour payer ce que m'ont volé les négres dans la nuit du 24 au 25 novembre 1790, lorsqu'on étoit venu en attroupement chez moi, et qu'on a défoncé portes et fenêtres. J'avois encore beaucoup de marchandises, tout fut pillé, etc. (1).

Tous les frères et compatriotes m'ont chargé de vous dire une infinité de choses les plus agréables, comme de présenter leur respect à votre agréable famille auprès de vous.

« Et moi je prie Dieu qu'il vous ait en sa sainte garde, » ainsi que nos zélés défenseurs. Je dois vous dire aussi que » M. l'évêque de Blois, ci-devant curé d'Embermenil, a été » pendu en effigie à la porte du bureau de la poste du Cap. » Connoissant sa grande philosophie, je pense qu'il s'amusera » bien de cette forfanterie. Je vous aurois envoyé cette ga- » zette qui est de M. Gatereau », mais elle parle de notre décret du 15 mai : mes frères la voient avec trop de plaisir pour les en priver, seule à notre connoissance. Et vous saurez que cet homme a été embarqué pour avoir sans doute rendu pu-

(1) On voit encore ici les plaintes des hommes de couleur sur les attroupemens des blancs qui se portoient chez les plus riches pour les piller.

blic

blic ce décret, car nous ne lui connoissons pas d'autre chose.

J'ai l'honneur d'être avec un sincère attachement,

Mon cher compatriote,

Votre très-humble et très-obéissant serviteur,

P. LABUISSONNIERE.

P. S. « Je vous prie de ne pas m'écrire, sinon par une voie » absolument sûre; quant à la poste, il n'y a aucune sûreté: » mes lettres sont toutes ouvertes, et sans exception ».

N°. 12.

Saint-Marc, le 9 avril 1792.

MONSIEUR ET CHER COMPATRIOTE,

Je n'ai que le tems de vous écrire quatre lignes. Une députation part à l'instant de Saint-Marc, où je suis arrivé hier, et me prive de lui donner une lettre pour vous? M. l'abbé Ouvière (1), qui se joint à nos députés, vous rendra compte

(1) Ce M. Ouviere étoit un de ceux qui vouloient le plus établir le régime et le gouvernement militaire à Saint-Domingue. Après le départ de ses collègues pour cette colonie, il fit ici un journal le plus aristocratique, et il écrivoit à mes concitoyens les lettres les plus incendiaires et les plus contre-révolutionnaires. Un bon citoyen saisit la copie de ces lettres et me les remit. Je dénonçai cet Abbé, ses lettres furent déposées à la mairie, et l'Abbé poursuivi, mais il échappa, j'ai la preuve écrite de tout ceci. J'en écrivis à Messieurs Chaulatte et Viard ses collègues, qui étoient à bord du vaisseau qui les portoit dans la Colonie, (voyez leur réponse ci-après) et à mes frères, à Saint-Domingue, qui prirent un arrêté, par lequel ils désavouoient tout ce qu'avoit pu faire cet Abbé en leur nom. Voilà cependant un homme avec lequel MM. Page et Brulley disent dans leur diatribe contre moi, que je m'entendois, ainsi que mes autres frères de couleur à Saint-Domingue. Voici l'article de cet arrêté qui concerne cet abbé Ouviere, que j'ai démasqué moi-même à mes frères.

de l'état de la colonie. J'avois commencé un mémoire auquel je devois joindre toutes les pièces justificatives ; mais le dé-

---

« Considérant (*a*) que le sieur Ouvière n'a jamais eu pouvoir de se re- » garder comme membre de la députation, c'est-à-dire comme ayant voix dé- » libérative, mais seulement consultative, a arrêté et arrête :

» Qu'elle révoque en tout leur contenu, les pouvoirs qu'elle auroit pu ac- » corder ; que mortifiée de s'être laissée leurrer par la fausseté du sieur Ou- » viere, dont elle reconnoît *la duplicité de caractère et la perversité de coeur*, » par ses adresses à MM. Pinchina et Savary, que lesdits sieurs ont com- » muniquées à l'assemblée, ainsi que *par les six premiers numéros d'un* » *journal, intitulé le Scrutateur politique*, dont il s'avoue l'auteur, elle lui » défend de plus se mêler à l'avenir en quoi que ce soit de ses affaires ; *qu'elle* » *voue ce vil et méprisable libelliste, à l'exécration de tous les bons* » *françois, comme ennemi de la nation, dont il cherche dans ses écrits* » *publics et particuliers* A DÉTACHER LES COLONS DE SAINT-DOMINGUE (*b*).

» Qu'elle nomme le sieur Julien Raimond pour signifier la présente révoca- » tion au sieur Ouviere, suivant toutes voies de droit.

» Qu'elle vote des remercimens au même M. Raimond, pour les soins, le » zèle et l'activité qu'il a apportés dans la défense des droits de ses frères. » Qu'elle le prie et charge de remercier pour elle et en son nom, l'assemblée » nationale et tous les bons françois qui ont pris part à la défense des co- » lons, autrefois dits de couleur, lui donne plein pouvoir D'AFFIRMER QUE » LA COLONIE SE TROUVERA ENTIÈREMENT ENSEVELIE ET SUBMERGÉE

(*a*) L'assemblée des trois paroisses de l'ouest.

(*b*) Est-ce là le langage d'un contre-révolutionnaire ? Cependant MM. Page et Brulley viennent de dénoncer au ministre de la marine, pour les faire arrêter et conduire en France, Pinchina et Savary qui ont fait prendre et signé cet arrêté. Qui ne voit dans cette marche des colons, et surtout dans les mêmes dénonciations faites par ces mêmes hommes contre tous les hommes de couleur les plus instruits et les plus patriotes de Saint-Domingue, l'intention coupable d'égarer les autres et les porter à des mesures qu'ils auront eux-mêmes la perfidie de leur conseiller ? Mais ce dernier coup sera encore déjoué, si mes frères peuvent recevoir ma lettre écrite le 1er août de la présente année et jointe ici.

part précipité de nos députés m'a forcé d'envoyer ce que j'avois de prêt. Je finirai incessamment le mémoire, et l'enverrai

» AVANT DE VOIR LA PRÉSENTE ASSEMBLÉE, SÉPARÉE DE LA MÉTROPOLE; » QU'ELLE OSE FAIRE CETTE PROFESSION AU NOM DE TOUS SES FRÈRES » QUI HABITENT LE SURPLUS DE LA COLONIE, (1) etc. L'an 1792, et l'an quatrième de la liberté, le 15 octobre. *Signés*, P. Pinchinat, Savary, président; Pinson fils, Edieu, Coquilleau, Corbe fils, Coquilleau Desplantes, Lassier cadet, Corbe, Fournoir, Coquilleau Défossé, Guassine, Coquilleau Formel, la Caze, P. L. Barbier, F. Lebrun, Dattrin, Charles Pario, Ducaze, Amy, Jean Gadere, Cocquiere Bellevue, Hugerville aîné, Cornillon, Doublé, Baplaiplolin, Chopin, Banot, J. B. Ybard, Pajot, Sanazoly, Morel, Sauvé, Vallonpiver, Villemontier, P. Gibert, R. J. Guchau, G. Mathieu, J. Gilbert, Galopin, Brabeau, Durieux, Coudelet, Adrouval, Lapalue, Lachicot, L. Barclais, J. Gautier, Marion François Boudin, Jean Rigolet, Jean Jonty Delisle, Helaine, Jean Bordux, Relou père, F. Bouvier, Antoine Guchau, J. J. Tonnelier, Fouché, P. Guillout, M. Guchau, Perodin de la Chouque, A. Gibert, Hugueville aîné, Viardesanne, J. P. Morin, Auger Desbrosse, Darain Alby, Dulary, Louis Baille, Louis Bouviere, Espard Prudent Gabriel, Lafort, Louis Borduy, F. Dupré, Etienne Janin, etc.

Copie d'une lettre à moi écrite, par les citoyens Chanlatte et Viard, collègues de l'abbé Ouviere.

A bord du Penthièvre, en rade à l'isle d'Aix, le 19 juillet 1792.

Vous nous avez fait bien du plaisir, monsieur et cher compatriote, de nous donner de vos nouvelles dans ces circonstances; quoique nous ayons sans cesse sous les yeux tous vos travaux, cependant nous ne laissons pas que de ressentir beaucoup de joie et de satisfaction à la réception d'une lettre de vous.

Nous vous remercions des avis que vous nous donnez sur les trames de M. Ouviere et de ses partisans; nous nous y étions bien attendus et n'avons pas craint ses coups; notre zèle et notre patriotisme nous en mettent absolument à l'abri; nous vous prions donc d'employer tous les moyens qui sont en votre pouvoir pour démasquer un traître d'autant plus dangereux, qu'il possede

(1) J'ai remis dans le temps cet arrêté au comité colonial, ainsi que toutes les pièces de ce genre qui m'ont été adressées.

de suite en France avec les pièces qui doivent y être jointes.

Je n'ai pas besoin de vous recommander d'appuyer de tout votre crédit la députation que nous envoyons : il est essentiel qu'elle soit bien accueillie. J'aurois fait avec plaisir le voyage de France, mais ma présence est absolument nécessaire ici. Je compte infiniment sur votre patriotisme et sur votre zèle pour la défense de la cause commune, et vous prie de me croire avec un fraternel attachement,

Monsieur et cher compatriote,

Votre très-humble et très-obéissant serviteur,

PINCHINAT.

M. Raimond, à Paris.

---

l'art perfide et méprisable de se contrefaire au suprême dégré ; c'est à Paris maintenant, qu'il employera ses menées subtiles ; veillez-le et préservez notre patrie de malheurs beaucoup plus grands encore que ceux qu'elle a éprouvés et dans lesquels il eût voulu la plonger.

Nous remettrons à M. Piquod Sainte-Honorine la lettre à son adresse ; nous avons dans bien peu de temps reconnu son patriotisme éminent, par les pièces honorables qu'il a eu la bonté de nous communiquer ; il ne peut avoir de meilleures recommandations auprès de nos frères.

Nous attendons avec impatience le convoi de Nantes pour mettre à la voile ; mais il y a bien de la lenteur, nous ne savons qu'en présumer.

Adieu, cher compatriote, croyez à la sincérité et à la pureté des sentimens que nous ont inspiré vos vertus civiques et votre défense courageuse à la cause de nos concitoyens.

Nous vous embrassons ainsi que madame que nous prions de recevoir nos salutations respectueuses.

CHANLATTE et VIARD.

Des complimens à nos amis.

N°. 13.

Lettre de J. Raimond.

A Boisrond, Bourry, Labadie, Braquehais, Labuissonnière et autres.

Paris, le 15 avril 1792.

MES CHERS COMPATRIOTES,

Je crois pouvoir vous donner l'assurance que le décret désastreux du 24 septembre de l'année dernière sera révoqué, et que nous en obtiendrons un plus avantageux que celui du 15 mai 1791. Celui là, comme vous savez, n'accordoit les droits de citoyen qu'aux hommes nés de père et mère libres; et tous nos autres frères qui n'avoient pas ces qualités restoient encore sous la dépendance des blancs; mais aujourd'hui l'esprit public est si formé à Paris, les droits sacrés de l'homme sont si profondément gravés dans tous les cœurs, qu'on s'indigne que le décret du 15 mai ait laissé une différence entre des hommes libres: il est vrai qu'une brochure que j'ai fait paroître n'a pas peu contribué à faire sentir non seulement l'injustice qu'il y avoit dans ce décret, mais même encore le danger qu'il y auroit de mettre aucune différence, soit par le degré de liberté, de légitimité ou de la couleur. J'ai fait distribuer cette brochure à la société des Jacobins qui soutient puissamment nos droits; et d'après les principes purs des membres qui composent cette société, nous devons tout espérer. Nos défenseurs se multiplient aujourd'hui à l'infini; c'est à qui (des hommes qui marquent le plus dans la révolution) parlera et écrira en notre faveur. Tous les journalistes même à l'envi l'un de l'autre, écrivent à notre avantage. Prudhomme, sur-tout, met dans ses Révolutions de Paris, les morceaux les plus forts. J'ai été le voir et lui porter des notes; il m'a dit de les lui laisser, et qu'il les feroit rédiger ; ce qu'il a fait avec une intelligence étonnante : vous en jugerez par quelques-uns des numéros que je vous envoie ; vous verrez qu'il ne confond plus comme il l'avoit fait, par erreur, notre cause avec celle des esclaves, dont tout le monde convient qu'il seroit impolitique de s'occuper dans le moment présent. Plusieurs autres ouvrages ont paru en faveur de notre cause ; un, sur-tout, ayant pour titre, *Pétition de Mina*, décrit toutes les atrocités commises par les blancs à notre égard, et donne les plus grandes lumières sur tout ce qui s'est passé à Saint-Domingue ; cet ouvrage est de M. Milcent Créole blanc et témoin oculaire ; il a beaucoup travaillé pour notre cause sous l'anonyme, parce qu'il craignoit que ses biens au Cap, fussent ravagés par ses compatriotes les blancs ; mais aujourd'hui il pense qu'il n'aura plus rien à craindre, et que nos droits nous seront rendus. Un jeune homme qui annonce beaucoup de talens, et à qui j'ai remis des mémoires, a fait un excellent ouvrage que j'ai fait imprimer et distribuer à mes dépens ; ce jeune homme a été à Saint-Domingue et à la Louisianne ; il s'appelle Bonnamin. Je vous envoie un exemplaire de son ouvrage. Oh, combien, mes chers compatriotes, vous devez être reconnoissans envers toutes les personnes qui ont travaillé à notre cause ! ils l'ont fait avec un zèle pareil au mien, que la cause regardoit directement. J'espère qu'un jour nous serons à même de leur témoigner toute notre reconnoissance d'une manière digne d'eux.

Mes occupations doublent dans ce moment où nous approchons de celui où l'assemblée nationale va prononcer sur notre sort. Je vois souvent beaucoup de membres de cette assemblée ; et tous me disent que nous ne devons rien craindre, que les principes sont pour nous ; et que, si l'autre assemblée a été injuste à notre égard, il n'en sera pas de même de celle-ci. Tout cela me donne le plus grand espoir, et je brûle du désir de pouvoir vous annoncer bientôt que nous serons enfin comptés au rang des citoyens. Mais, mes chers compatriotes, je vous recommanderai sans cesse de vous montrer toujours dignes de tout ce qu'on est disposé à faire pour vous ; je me réfère là-dessus à tout ce que je vous ai dit dans mes précédentes ; n'oubliez pas votre don patriotique, qu'il s'effectue enfin ; montrez-vous, par ce moyen, dignes de la protection que la France vous accorde ; montrez toujours de la modération aux colons blancs ; montrez-leur toute votre générosité, en oubliant tout ce qu'ils nous ont fait. Vous les forcerez à la fin d'être justes à votre égard : ils seront assez honteux de vous avoir calomniés, sans que vous ayez besoin de les faire rougir par les reproches que vous pourriez leur faire sur tous les torts qu'ils ont eu à votre égard (1).

Je vous embrasse, et suis, etc.

N°. 14.

Lettre de J. Raimond, à ses commettans.

Paris, le 30 mai 1792.

Jamais évènement n'a dû paroître plus étonnant et plus heureux en même-tems que celui qui vous a fait recevoir officiellement le décret du 24 mars, et qui vous a annoncé des commissaires et des forces pour le faire exécuter ; car le même instant où vos commissaires (2) arrivoient à Paris pour solliciter une révocation du décret désastreux du 24 septembre, étoit précisément le même que celui où vous receviez à Saint-Domingue, l'objet de vos sollicitudes.

Si toutes les lettres que je vous ai adressées par différentes voies, n'eussent pas été interceptées, vous auriez vu dans toutes, ce que nous devions espérer de la justice et de la pureté des principes de la présente législature, et qu'il n'y avoit qu'une

---

(1) On voit quelle morale je prêchois dans toutes mes lettres, est-ce là celle d'un homme qui veut allumer le feu de la guerre civile ?

(2) MM. Viard, Chanlatte, Dubourg et Ouvière.

voix dans la capitale pour *reconnoître* les droits politiques des hommes de couleur. En effet, de tous les orateurs qui ont voulu soutenir que le décret du 24 septembre étoit constitutionnel, pas un d'eux n'a entrepris, comme vous le verrez par leurs discours, de contester aux citoyens de couleur les droits que la nature, les loix, la force des choses, et même la politique, leur donnoient; aussi le décret du 24 mars a-t-il été rendu à l'unanimité et sans aucune réclamation, et rien ne prouve plus la validité des droits que nous réclamions; enfin ces droits sont bien reconnus par le décret le plus solemnel. Maintenant c'est de son exécution dont il faut s'occuper, ainsi que des moyens de rétablir l'ordre dans la colonie. Pour cet effet trois commissaires, MM. Polverel, Sonthonax et Aillaud, sont nommés; vous pouvez compter sur la pureté de leurs principes et sur leur ferme résolution de faire exécuter la loi, et rétablir l'ordre et la paix (1). C'est donc à vous, mes chers compatriotes et frères, à les aider de tous vos moyens et de toutes vos forces; ils comptent sur votre civisme et sur votre attachement à la constitution qui nous régénère; ils comptent également sur votre amour pour la patrie. Ayez donc une confiance réciproque : jamais elle ne fut plus nécessaire ni mieux méritée des deux parts.

Vos ennemis ont répandu ici que, comme quelques planteurs ci-devant nobles, ou croyant l'être, comme les anciens commandans, les ci-devant états-majors, les conseillers, avocats, receveurs et tous les privilégiés de la colonie, vous vouliez rétablir l'ancien régime à Saint-Domingue, ou au moins le gouvernement militaire, et que vous ne vouliez pas

(1) Lorsque ces deux hommes furent nommés commissaires pour les colonies, ils jouissoient de la meilleure réputation. Je pouvois et devois donc en dire tout ce que j'en dis dans ma lettre. Si depuis ils ont été accusés et dénoncés gravement, j'ai dit aussi-tôt qu'il falloit envoyer à Saint-Domingue deux autres commissaires, pris dans le sein de la convention, pour examiner leur conduite. Voyez mon mémoire remis au comité de marine dans les premiers jours de juin dernier.

l'établissement

l'établissement des corps administratifs et populaires, sous prétexte que le gouvernement populaire ne pouvoit convenir à un pays où il y a des esclaves, et parce que vous aviez plus à vous plaindre du gouvernement populaire que de l'ancien. MM. les commissaires m'ayant questionné sur cet objet, je leur ai prouvé que vous aviez trop d'intérêt à vouloir la constitution qui vous réintégroit dans vos droits, pour vouloir rejetter une forme de gouvernement qui peut seule vous les conserver dans toute leur plénitude.

En effet, si vous établissiez dans les colonies un gouvernement purement militaire, vous seriez forcés de les mettre absolument sous la dépendance du pouvoir exécutif; mais le corps législatif s'y opposera toujours : car ce seroit attaquer la constitution que de donner au pouvoir exécutif un grand moyen d'augmenter sa puissance, et cela nuiroit encore d'autant plus à vos droits, que le corps législatif n'ayant plus les colonies dans sa dépendance, comme les autres parties de l'empire, il ne pourroit plus faire surveiller au maintien des droits des citoyens de cette partie; et avec la tendance naturelle du pouvoir exécutif vers le despotisme, nous retomberions bientôt dans l'état d'où nous sortons à peine (1).

Supposons pour un moment qu'un gouverneur-général, sous telle responsabilité que vous voudriez l'établir, ne dépendît que du roi, et qu'il ne nous contestât pas, comme on le suppose, les droits que nous donne l'édit de 1685; qu'arriveroit-il? Nous resterions toujours ce que nous avons été, sans influence quelconque, et privés de tous les emplois qui ne seroient donnés qu'à des ci-devant nobles et à des blancs. Il est bien évident que par une suite continuelle de cet abandon, nous retomberions dans l'avilissement d'où la révolution nous tire; et cependant nous n'aurions point à nous plaindre de cet abandon, car le pouvoir exécutif gouvernant seul, répondroit aux réclamations qu'on pourrait lui adresser, qu'il n'a donné

(1) On voit qu'à cette époque, qui a précédé la République, je pensois en républicain.

telle ou telle place à tel, que parce qu'il le croyoit le plus capable de la remplir : et tous ces hommes privilégiés, placés par ce seul pouvoir qui existeroit dans les colonies, mineroient peu-à-peu vos foibles droits, et gouverneroient despotiquement toutes les personnes sans place, et nous finirions par avoir un véritable gouvernement aristocratique, composé par le fait d'une classe privilégiée, qui nous feroit retomber peu-à-peu dans les proscriptions d'où la révolution nous tire.

Mais, vous dira-t-on, le gouvernement purement populaire ne peut pas convenir à un pays où il y a des esclaves ? Pourquoi non ? Athènes eut des esclaves, et jamais gouvernement ne fut plus populaire que le sien. Pour moi, je crois au contraire que le gouvernement populaire est plus propre à surveiller les esclaves ; car tous les citoyens libres, étant obligés de se rassembler souvent et en grand nombre pour l'intérêt commun, ce mouvement nécessite à surveiller davantage, parce qu'il y a plus d'action dans tous les individus intéressés à la conservation de leurs propriétés ; et l'esclave qui voit sans cesse cette surveillance et ses forces unies, n'ose rien entreprendre. Et si on établissoit, comme je l'indiquerai plus bas, un corps de gendarmerie, composé de citoyens du pays, uniquement occupés à surveiller les esclaves, on n'auroit aucune appréhension à avoir de leur part.

Il ne reste plus d'objection à détruire sur le gouvernement populaire, que celle des malheurs que nous ont fait éprouver les corps populaires établis dans la colonie depuis la révolution, et nous ont fait craindre que ces malheurs se propagent en maintenant ces corps populaires.

Il faut d'abord observer que si les soi-disants corps populaires établis jusqu'à ce jour, nous ont fait beaucoup de mal, c'est précisément parce qu'ils n'étoient pas des corps populaires, mais bien aristocratiques, composés d'hommes qui avoient usurpé le privilège de nous en écarter. Mais il en sera bien autrement lorsqu'en vertu de la loi vous participerez aux assemblées primaires, et que vous ferez ensuite partie de ces corps populaires ; alors, ayant une égale représentation que les blancs, puisque notre population est au moins égale à la leur, vous pourrez également défendre vos droits. Et remarquez ce que vous ne devez jamais perdre de vue, c'est l'avantage de l'accroissement rapide de notre population, qui va nous faire acquérir tous les jours plus d'influence dans toutes les assemblées, et les premières, dussent-elles n'être composées que de blancs, nos droits n'en seront pas moins évidens quand nous serons en nombre. Remarquez encore que c'est la crainte, bien apperçue et bien sentie, par les blancs, de notre influence future dans les assemblées primaires, qu'ils voudroient nous faire adopter un gouvernement tel, que nous ne puissions parvenir à ce point d'influence.

A toutes ces raisons j'ajoute que vous pourrez d'autant plus compter sur la protection des représentans de la nation, seule puissante, si vous vous attachez à elle par la même forme de gouvernement, et que nous serons toujours plus forts, étant liés au faisceau de la nation (1).

D'un autre côté, la nation qui connoît ses intérêts, ne croira jamais être plus sûre de la propriété de ses colonies, que lorsqu'elle verra tous les citoyens libres qui les habitent jouir de tous leurs droits, cultiver le sol sans chercher à l'extraire en le forçant dans ses produits, pour obtenir plutôt une fortune, et l'abandonner ensuite; la nation, dis-je, préférera voir les terres se subdiviser entre de petits propriétaires, elles n'en seront que mieux soignées, et par conséquent donneront un produit plus durable (2); et la nation est enfin persuadée que rien ne peut conduire à cet état de choses, que votre régénération; et que votre reconnoissance vous attachera à la

(1) Dans toutes mes lettres on voit les principes d'unité et d'indivisibilité prêchés, ainsi que l'obéissance aux décrets de la convention.

(2) Est-ce là de l'aristocratie ? Qu'on compare ces principes avec ceux des colons blancs qui ne parloient jamais que de conserver et maintenir les grandes possessions, etc. etc. parce que leur orgueil ne sauroit se plier à aucune égalité.

patrie, ainsi que votre postérité, à qui vous retracerez d'âge en âge tous les bienfaits que vous en recevez.

MM. les commissaires sont pénétrés des principes de notre révolution. Ils ont la volonté et les talens nécessaires pour organiser la colonie de manière à rendre vos droits imperturbables, et à y faire renaître l'ordre et la tranquillité : rapportez-vous-en à eux.

Mais, pour parvenir à ce double but, ils ont besoin de toute votre confiance et de l'établissement d'une gendarmerie composée des naturels du pays, à qui on donnera la considération que doit avoir un corps qui fera la sûreté de la colonie. Cet objet est traité dans un mémoire ci-joint, dont vous pourrez faire usage, si vous le croyez digne.

La députation que vous avez envoyée ici s'est divisée d'opinion à mon sujet, et je vais vous retracer ce qui s'est passé. Il est nécessaire, pour me faire entendre, de vous dire qu'à l'époque du décret du 24 mars (1) tous les patriotes qui avoient défendu notre cause, une grande partie des membres de la convention nationale et tous les ministres, me désignoient pour être un des trois commissaires qui devoient aller à Saint-Domingue ; mais les colons de l'hôtel Massiac, craignant sans doute le bon effet de cette mesure, trouvèrent le moyen de faire subtiliser un décret du corps législatif, par leur ami aristocrate, M. Tarbé (2). « Alors il fut convenu, entre les ministres, » que j'irois toujours, avec une lettre du ministre de la ma- » rine, au nom du roi, pour contribuer par ma présence, » à rassurer mes frères les citoyens de couleur, à les porter » à l'oubli de tous les maux qu'ils avoient éprouvés des blancs, » à détruire toutes les haines, suites inévitables des guerres » civiles, en UN MOT, POUR Y REMPLIR L'HONORABLE FONC- » TION DE PACIFICATEUR ».

(1) Devenu loi du 4 avril.

(2) Ce décret porte, que les personnes qui sont nées dans la colonie, ou qui y ont quelques propriétés, ne pourront, pour cette fois, être nommées pour être employées dans les colonies.

Les choses dans cet état, votre députation arrive à Paris; aussitôt des personnes, que MM. Chanlatte et Viard pourront vous nommer, s'emparèrent d'eux, et firent tous leurs efforts pour les empêcher de me voir, malgré votre recommandation. Pour réussir à ce coup de partie pour eux, ils leur dirent que mes intentions étoient de donner la liberté à tous les esclaves; que je n'étois envoyé à Saint-Domingue, par les ministres, tous amis des noirs, que pour cet objet. Le piège étoit grossier, comme vous voyez; car on ne pouvoit guère supposer que je voulusse ruiner tout d'un coup, toute ma famille qui possède entr'elle sept à huit millions de biens à Saint-Domingue. Il ne me fut pas difficile, comme vous pensez, de détruire les effets de cette accusation atroce et perfide; mais, toujours astucieuses, ces mêmes personnes imaginèrent de faire parler pour mieux persuader quelques personnes de couleur qui s'étoient adjointes à moi, je ne sais pas trop comment, pour solliciter dans notre cause, et dont quelques-unes m'ont plus embarrassé que servi, étant absolument sans aucun talent, ni moyens pécuniaires pour m'aider, et foibles de caractère, ils ont tombé dans le piège qu'on leur tendoit. En se servant de leur jalousie contre moi, on les engagea à dire à vos commissaires que dans les réclamations que j'avois faites ici, mon projet avoit été d'écarter une partie de la classe des hommes libres de couleur. Aussitôt que je fus averti de cette nouvelle perfidie, par MM. Chanlatte et Viard, je me hâtai de fournir la preuve du contraire dans un petit ouvrage de moi, imprimé sous le titre : *d'observations sur l'origine et les progrès du préjugé des colons blancs contre les hommes de couleur.* Je prouve, comme vous le verrez, sans replique dans cet ouvrage, que toute espèce de distinction, soit de couleur, soit de légitimité, seroit dangereuse, et meneroit à des troubles et à des divisions éternelles.

Après avoir détruit toutes ces inculpations, je réfléchis sur les causes qui avoient pu y donner lieu, et je ne fus pas long-tems à m'appercevoir que, par un dessein prémédité, on cherchoit à me faire perdre la confiance de mes frères, et m'éloigner d'aller à Saint-Domingue, où l'on prévoyoit bien que je m'opposerois au projet d'y établir le gouvernement militaire que les aristocrates y desirent, et dont j'ai montré tous les dangers pour nous. Je vis aussi l'intention perfide que d'autres avoient de m'y faire trouver la mort par les insinuations perfides qu'on se proposoit de faire à mes frères contre moi, en persuadant à quelques foibles que je voulois leur ruine dans la liberté des esclaves, que l'on supposoit que je voulois prêcher (1).

Alors je devins circonspect avec ceux de qui j'avois lieu de me méfier; et je m'ouvris à MM. Chanlatte et Viard, qui ne furent pas la dupe de tout ce complot, et je leur promis

(1) Je fus averti ici du projet le plus perfide et le plus atroce, tramé contre moi. Lorsqu'il fut question, comme je viens de le dire, que je serois envoyé à Saint-Domingue, pour y remplir l'honorable fonction de pacificateur, je fus bien étonné de voir les colons blancs qui m'avoient le plus cordialement détesté, être eux-mêmes les premiers à m'engager à accepter cette mission et à me cajoler, pour m'y déterminer. Le projet étoit formé, quand j'y aurois été, d'égarer mes frères, les hommes de couleur, sur mon compte, en leur débitant la calomnie usée sur le dessein qu'on me supposoit de vouloir subitement affranchir tous les esclaves et occasionner leur ruine totale par cette mesure prématurée. Les colons blancs espéroient par cette mesure, trouver parmi mes frères un homme assez crédule et assez fanatique pour lui faire porter sur moi une main fratricide; dans ce cas, les colons blancs qui, comme je l'ai dit plus haut, m'avoient cajolé et flatté, n'auroient pas manqué de paroître me regretter beaucoup et auroient été les premiers à demander vengeance pour moi, en présentant tous mes frères, comme des antropophages, des monstres altérés de sang, puisqu'ils avoient versé celui de leur frère qui avoit tout sacrifié pour leur bonheur, etc. et partir delà, pour leur faire retirer les droits qui venoient de leur être concédés. Dans le cas que, pour désabuser mes frères sur les craintes qu'on pouvoit leur donner, j'eusse écrit pour leur prouver que mon intention n'étoit pas d'affranchir les esclaves, alors c'eût été pire, et mes ennemis n'eussent pas manqué de persuader aux esclaves dans cette circonstance, que moi seul, je m'opposois à leur liberté, puisque j'écrivois contre. On sentira que dans une pareille position, je ne pouvois échapper à une mort certaine, et c'étoit le vœu de mes ennemis; en tems et lieu je prouverai l'intention préméditée et essayée plusieurs fois de faire perir à Saint-Domingue les citoyens de couleur qui ont dirigé leurs frères et qui ont montré le plus d'énergie.

de vous écriré sur ce sujet, et d'entrer dans tous les détails, afin de vous préserver des pièges qui pourroient vous être tendus de tous côtés.

Dans les différentes conférences que nous avons eues ici avec MM. vos commissaires, il a été question d'un point bien important; c'est le moyen à employer pour faire rentrer les esclaves en insurrection, et de ce qu'on pourroit leur accorder pour améliorer leur sort, sans trop nuire aux intérêts du propriétaire et à la société entière. Différents avis furent ouverts à ce sujet, mais on sembla s'arrêter sur celui de leur accorder un jour de franc par semaine, outre le dimanche. J'observai que cette mesure pourroit devenir dangereuse, surtout au sortir de l'état d'insurrection où ils étoient; qu'il seroit possible, et même vraisemblable, qu'ils employassent ce jour à des rassemblemens partiels pour comploter ensemble, au lieu de l'employer à un travail qui les eût menés par le fruit qu'ils en auroient tiré, à adoucir leur sort; que d'ailleurs ils pourroient argumenter sur cette espèce de capitulation, et se dire: puisque nous avons obtenu un jour tout entier tout de suite, tâchons, en nous soulevant encore, d'en obtenir un autre par le même moyen; j'ajoutai encore que l'interruption de deux jours tout entiers de travail, en y comprenant le dimanche, pourroit nuire à beaucoup de cultures, sans que cela tournât d'une manière bien sûre au vrai bonheur de l'esclave. En conséquence, je proposai un moyen qui m'a paru remplir le triple objet d'améliorer, d'une manière avantageuse à tous, le sort des esclaves, de ne pas nuire aux intérêts des maîtres, et de faciliter l'esclave à arriver à une liberté entière, en le nécessitant toujours au travail de la culture.

Pour atteindre à ce but, il me semble qu'on pourroit se servir du moyen qu'employent les Espagnols et les Portugais, c'est de faciliter les esclaves à se racheter partiellement : par exemple, on fixeroit le prix des esclaves mâles ordinaires à 3000 (1) ; et celui d'une femme, à 2400, et on leur proposeroit de se rédimer d'un jour de travail en payant une somme de 400 livres, qui fait le sixième de la valeur ; et pour les faciliter à se procurer cette somme, on leur diroit qu'on leur accorde une heure de plus par jour au moment du dîner, et qu'à l'avenir les heures du travail ne seront plus que, depuis quatre heures et demie du matin, jusqu'à onze heures et demie, et depuis deux heures et demie de l'après midi, jusqu'à six heures et demie du soir.

Mais il y auroit une clause conditionnelle à toutes ces espèces de rachat, c'est que l'esclave fût obligé de constater au maître qu'il a gagné le pécule avec lequel il se rédime par son travail et par son industrie. En suivant cette progression de rachat avec les conditions qui y sont attachées, on accoutumeroit l'esclave au travail et à employer les jours qu'il auroit rachetés, à un nouveau travail qui le meneroit plus rapidement à s'acquitter en totalité ; et en arrivant à cette époque heureuse pour lui, il seroit toujours disposé au travail ; et comme il seroit sans propriétés territoriales, le maître pourroit lui donner à cens, une partie de sa terre mesurée sur la faculté de l'esclave à la cultiver, soit au tiers, soit à moitié, selon les conventions et comme il se pratique en France.

L'esclave ainsi racheté pourroit racheter ses enfans en âge de travailler, et à mesure que sa famille s'augmenteroit, il prendroit plus de terrein pour le cultiver aux mêmes conditions.

On pourroit encore faire que le nègre s'étant racheté d'une journée, seroit payé par le maître lorsqu'il emploieroit cette même journée au travail du maître, et se rédimant toujours

(1) Le prix des esclaves à talent seroit porté en raison de leurs talens, et celui des femmes pourroit être diminué en raison du nombre de leurs enfans.

ainsi,

ainsi, il resteroit attaché au sol duquel il partageroit le produit avec le maître, quand il seroit totalement acquitté.

Je n'étendrai pas plus loin ces développemens ; votre sagacité le fera assez, si le moyen est trouvé bon.

Nous avons pensé ici, qu'avant toutes ces mesures, et pour ramener sur-le-champ les esclaves à l'ordre, il seroit nécessaire que MM. les commissaires fissent une proclamation par laquelle ils promettroient le pardon et la liberté aux chefs des révoltés, s'ils faisoient rentrer les esclaves; cette proclamation promettroit l'amélioration du sort des esclaves dont on s'occuperoit aussitôt leur rentrée ; leur parler dans cette proclamation de la puissance de la nation qui les puniroit, s'ils n'obéissoient, et qu'au contraire, elle s'occuperoit d'améliorer leur sort, s'ils obéissoient (1).

Je crois qu'on pourroit tirer un grand avantage en leur faisant entrevoir dans cette proclamation, des moyens qu'on voudra employer pour améliorer et changer leur sort.

Voilà, mon cher et respectable ami, mes idées sur cet objet. Je n'y tiens, qu'autant que la colonie y verroit son avantage ; et ce sera aux propriétaires raisonnables et sans passions, à calculer jusqu'à quel point elles peuvent être utiles (2).

Je vous embrasse, etc.

P. S. Voici le discours que j'ai prononcé à la barre de l'assemblée nationale, pour la remercier de son décret.

---

(1) N'est-ce pas là faire reconnoître par-tout la puissance de la nation seule souveraine ? Lisez la proclamation projettée pour les esclaves révoltés.

(2) Est-ce là la lettre d'un homme qui veut faire opérer la contre-révolution dans les colonies, qui veut les bouleverser, ou les livrer aux puissances ennemies ? comme m'en accuse le triumvirat Page, Brulley et l'archevêque Thibault. Je ne cesserai de le répéter, qu'ils mettent comme moi leurs écrits secrets au grand jour.

Extrait du procès-verbal de l'assemblée nationale, du . . . . 1792, l'an quatrième de la Liberté.

Les hommes de couleur résidans en France sont admis à la barre; ils viennent remercier l'assemblée du décret qu'elle a rendu dernièrement en faveur de leurs frères des colonies; ils protestent de leur soumission à la loi, et promettent d'employer tous leurs moyens pour rétablir l'ordre et la paix dans nos isles. M. le président leur répond et les invite à assister à la séance.

On demande l'insertion du discours au procès-verbal, avec mention honorable, l'insertion aussi de la réponse de M. le président; l'impression, la distribution et l'envoi de l'un et de l'autre à toutes les colonies françaises. Toutes ces demandes sont adoptées.

Suit la teneur du discours.

Législateurs, après de longues et de cruelles persécutions; il nous est permis enfin d'espérer des jours plus heureux. Déja votre présence et l'asile de la liberté nous font oublier nos malheurs.

C'est à vous, Messieurs, qu'il étoit réservé de porter un regard bienfaisant sur les colonies, pour y détruire le dernier et le plus désastreux des préjugés; c'est à vous qu'il appartenoit de régénérer les colonies, par cette vérité, que le bonheur de toute société dépend de l'égalité des droits, qu'elle seule peut établir la prospérité sur les bases éternelles de la justice. — Législateurs, recevez nos hommages, recevez ceux de nos frères, les hommes de couleur et nègres libres; ils vous parlent par ma voix; ils jurent de consacrer au service de la nation, au soutien de la loi et de la constitution, le sang qui leur reste après les horribles combats qu'ils ont soutenus, tantôt pour sauver leurs concitoyens, tantôt pour se soustraire à leur aveugle fureur.

Ils jurent solemnellement d'oublier toutes les persécutions qu'ils ont éprouvées, pour ne se souvenir que du jour heureux où, par la plus sage des loix, vous rendez la paix aux colonies, la prospérité au commerce et des citoyens à l'état.

Pour nous, Messieurs, constamment dévoués à la constitution, à la défense des droits de nos frères, au rétablissement de l'ordre et de la paix dans les colonies, nous offrons nos services; aucun sacrifice ne nous coûtera pour remplir ce devoir sacré; nous sommes fixés en France, nous y avons transporté nos propriétés et nos familles; et cependant nous sommes prêts à les abandonner, à renoncer à une vie paisible, et à braver tous les périls, si nous pouvons être utiles dans les colonies, soit pour y éteindre des haines que des circonstances malheureuses y ont fait naître, soit pour porter nos frères de couleur à aider, de tous leurs moyens les blancs, réparer les pertes qu'ils ont pu faire, et contribuer enfin au parfait accord qui doit régner entre tous les citoyens.

Signés, Raimond, du Souchet, de Saint-Réal, Poizat, Fleury, Saint-Albert, Lamothe, Perrier, Saint-Aude, Colon.

Réponse de M. le Président.

L'assemblée nationale n'a point exercé envers vous un acte de bienfaisance; mais elle a rempli l'un de ses premiers devoirs, en proclamant vos droits à l'égalité politique; ces droits, Messieurs, vous les teniez de la nature; et ce n'étoit point dans le code d'un peuple qui a fondé sa liberté sur ces loix éternelles, qu'un odieux préjugé auroit pu en restreindre ou modifier l'exercice.

Vous offrez de renoncer à la douceur d'une vie paisible,

pour aller dans les colonies porter à vos concitoyens des secours et des consolations ; vous voulez consacrer tous vos efforts au soin d'y rapprocher tous les esprits, et d'y éteindre les haines ; vous voulez profiter de l'heureuse influence que vos vertus et vos talens vous donneront sur l'esprit de vos frères de couleur pour les engager à aider les colons blancs à réparer leurs pertes, et fonder ainsi sur les liens de la plus douce fraternité, les bases de leur prospérité commune.

L'assemblée nationale applaudit à votre généreuse résolution ; cette mission purement volontaire, n'en deviendra que plus honorable ; et le civisme qui vous en a inspiré l'idée, est un garant infaillible de votre succès.

L'assemblée reçoit vos sermens, agrée votre hommage, et vous accorde les honneurs de la séance.

Collationné à l'original par nous secrétaires de l'assemblée nationale. A Paris, ce 21 avril 1792, l'an quatrième de la liberté (1).

BREARD.

SARADRIC.

MAILHE, *secrétaire.*

DUMOLARD, *secrétaire.*

---

(1) Si MM. Page, Brulley et les colons blancs qui étoient à Paris à l'époque de la loi du 4 avril, l'eussent sincérement aimée et desirée, ainsi que le rapprochement des blancs et des hommes de couleur, et qu'ils eussent voulu faire une abnégation de tout ressentiment, en un mot qu'ils eussent été tous aussi sincères que les hommes de couleur, ils seroient venus, ainsi que nous, faire à l'assemblée nationale le serment qu'on vient de lire et qui étoit dans nos cœurs ; ils eussent plus fait, ils eussent écrit à leurs compatriotes blancs dans le sens que nous avons écrit aux hommes de couleur. Avec cette démarche et ces mesures, les troubles de la colonie étoient éteints pour toujours ; mais l'orgueil des colons blancs ne pouvoit se plier à cette fraternité, qui seule pouvoit faire renaître l'ordre et la prospérité dans les colonies.

N°. 15.

Colline d'Aquin, le 12 juillet 1792.

Mon sincère ami,

J'ai reçu il y a huit jours, par le Cap, votre lettre du 15 janvier, qui me fait un grand plaisir; nous nous y sommes conformés sans en savoir la teneur, car, sauf le quartier de Jérémie, par-tout nous avons été en armes jusqu'à l'arrivée de la loi du 24 mars, qui constate notre état politique (1).

En mon particulier, je vous fais ici mes très-sincères remercimens des peines que vous vous êtes données pour parvenir à notre but; et, en attendant que la reconnoissance se manifeste d'une manière authentique de la part de mes concitoyens, envers *tous les vrais défenseurs de l'humanité, de la vérité et de la liberté* (2). Souffrez que je me serve de votre organe pour leur transmettre nos vœux, leur marquant les témoignages de notre entière reconnoissance.

« La loi du 4 avril produit ici le meilleur effet; vous verrez » par les papiers-nouvelles et bulletins ci-inclus, comment » elle a été reçue au Cap, qu'elle a été très-bien vue, les » citoyens blancs s'y sont soumis avec empressement;

(1) Il étoit prudent pour eux et pour le salut de la colonie qu'elle fût toute en armes, à cause de la révolte des esclaves qui pouvoit se propager.

(2) Après le décret du 24 mars, devenu loi du 4 avril, j'avois envoyé à mes frères tous les discours qui furent prononcés à l'assemblée nationale, et dont l'impression fut décrétée, afin de leur faire connoître leurs défenseurs et le grand nombre qu'ils en avoient eu.

» M. Thibalier, commandant pour le roi dans ce dernier lieu, » l'a fait exécuter ; mais il éprouve quelque résistance, à cause » de l'insurrection des noirs, que, fort mal-à-propos, on a » mis en jeu dans bien des paroisses ».

D'après toutes les horreurs qui se sont commises ici, en dépit des bons citoyens, rien de plus vrai que la lettre, n°. 12, de MM. les commissaires civils ; c'est le *compendium* précis et véritable des évènemens, tracé par des mains pures : au reste, si l'auteur de l'histoire de Saint-Domingue travaille sur des mémoires, s'il recherche avec soin les particularités de chaque paroisse, et que, par une logique exempte de passions, il les enchaîne à l'ensemble des évènemens des grandes villes, il doit tracer un tableau qui fera frémir l'humanité ; et les auteurs et les instrumens de nos maux doivent trembler d'avance, parce que l'exécration contemporaine et future doit accuser leurs cendres que la postérité foulera aux pieds ; mais tout annonce que, quant au moment présent, Saint-Domingue ne peut être gouverné que par la verge de fer (1).

Les paroisses d'Aquin, du Fond-des-nègres, de Lance-à-veau et du petit Goave, sont intactes (2) ; quant à la partie du sud, toutes les autres ont été victimes des fureurs des différens partis qui les ont déchirées ; celles des Cayes et de Torbeck, les plus riches ont été dévastées : dix-sept sucreries en partie brûlées, ainsi que trois cotonneries et quelques cafeteries, et le revenu en graines de ces dernières, en grande partie pillées.

---

(1) Telle est l'idée que leur avoient suggérée les aristocrates qui se disoient des patriotes et leurs amis, afin de ramener par ce moyen le gouvernement militaire et par suite, le despotisme. On a dû voir dans ma précédente, combien j'ai combattu ce projet et dévoilé les hommes qui le proposoient.

(2) C'est parce que dans ces paroisses les blancs étoient sincèrement unis avec les hommes de couleur. Voyez la lettre de mon frère ci-après, en date du 8 juillet 1792.

Au reste par les seuls bons effets du décret, il y a encore dans ce moment un très-gros revenu à faire ; et vous verrez par les notes jointes où l'on en est, quant à la rentrée des nègres dans le devoir. « M. Gatereau jouira du plaisir de » voir arriver le fameux MAL-PEIGNÉ », sur le navire l'Alexandre : il doit avoir ses 36 poches et ses 72 raisons pour les remplir. Les anciens abonnés de M. Gatereau parlent de lui faire un envoi : j'ai reçu sa pétition, que M. de Saint-Ours m'a prise : ce dont je vous fais remerciment.

« J'ai lu les discours de M. Brissot, mais je suis bien » surpris que, dans les notes que vous avez fournies, vous » ayez aussi mal saisi la question sur la révolte des » noirs, dans le récit du 30 octobre 1791. Celui du premier » décembre approche un peu mieux du sujet ; mais quand » vous viendrez ici, vous serez des plus étonné, de la cause, » des progrès et des suites de l'insurrection (1) ».

Nos lettres de France, retenues au Cap, au Port-au-Prince et aux Cayes, viennent d'être remises aux bureaux des différentes postes : la circulation reprend et l'ordre se rétablit à grands pas.

« Mais nous avons tout à craindre ici des suites de la guerre » en France, c'est aujourd'hui notre seule inquiétude ; veuille » le ciel la terminer par le résultat le plus favorable à notre » bonne constitution ».

Non-seulement j'ai accepté votre traite sur moi, je l'ai payée, avec toutefois l'aide de mes braves concitoyens qui sont venus à mon secours ; la paroisse de Baynet m'a fourni jusqu'à mille écus : la traite a été retirée huit jours après

---

(1) Il est bien évident que si je me suis trompé sur les causes de la révolte des esclaves et que je dusse être étonné en l'apprenant, je ne pouvois en être l'auteur.

son terme (1) échu. Au reste, je ne me suis point arrêté là: J'ai promis à MM. Durand qui en sont porteurs, de les retirer toutes, avec l'aide de nos bons compatriotes que j'en ai prévenus; mais le bouleversement de toutes choses nous a mis tous dans l'impossibilité de suffire aux dépenses journalières, et d'imposition: comment passer au delà? Voilà d'ailleurs quatre mauvaises années qui se succèdent. Comptez qu'aussitôt l'ordre rétabli, je vais continuer mes démarches à l'effet de faire honneur à votre signature.

« Comme vous me faites l'amitié de nous promettre de re-
» venir parmi nous, je vous attends avec la plus grande im-
» patience pour vous seconder dans les démarches nécessaires
» à la contribution patriotique; votre présence d'ailleurs peut
» déterminer bien des gens (2).

« Pour moi, je ne cesserai d'en vouloir à ceux de mes
» concitoyens qui ont fait tout leur possible pour atténuer la
» confiance de nos constituans et la tourner à leur gré. Dans
» le tems, qu'avec vous et Pinchinat, je prêchois la modé-
» ration et la patience, j'ai vu avec peine que d'un autre côté,
» l'on tenoit les propos les plus incendiaires. Je vous envoie
» deux expéditions de l'arrêté que j'ai fait prendre à Aquin,
» contre les vœux de bien du monde (3) ».

---

(1) Quoique cette traite de 5000 liv. ait été payée à un blanc, je suis encore à en toucher le premier sol.

(2) Partout on voit le désir d'effectuer le don patriotique offert par nous.

(3) On voit encore ici que j'ai toujours prêché la modération à mes frères, et que ceux avec qui je correspondois, prêchoient la même doctrine; mais qu'il y avoit des ennemis du bien public, à qui cette doctrine ne convenoit pas pour leurs vues perfides. Dans l'arrêté dont il est ici question, ils jurent sur l'autel de la patrie d'être fidèles à la nation, d'être soumis à la loi, de soutenir la constitution, qu'ils oublient toutes les injures et tous les maux qu'ils ont soufferts des blancs, qu'ils sont prêts à se joindre à eux pour repousser les ennemis de la nation, et ils invitent tous les colons blancs qui ont quitté la colonie à cause des troubles qui y regnoient, à y revenir pour vivre fraternellement avec eux.

Le pauvre M. Mahon est mort aux Cayes, où tous les blancs étoient armés, dès le mois de janvier, avant l'insurrection totale ; il est venu une dernière fois en recouvrement à Aquin ; j'ai fait tout le possible pour l'y faire rester, mais sacrifiant son repos à ses intérêts, il a retourné malgré nous aux Cayes où il est mort avec plus de 1800 autres blancs, par l'effet du mauvais air, de la nourriture mal-saine, de la fatigue, des gardes, etc, etc. Il a chargé de ses affaires MM. de Malval, Champelo et Bouffart qui doivent en avoir donné avis à Madame Mahon (1). Je vous rappelle le souvenir de ce bon concitoyen que nous devons tous regretter ; nous avons versé sur sa tombe des larmes qu'il mérite à tous égards, et son intrépidité nous a prouvé son bon cœur : il nous étoit vraiment attaché.

Je vous avois adressé par lui deux paquets qui, je pense, auront été pris et gardés aux Cayes ; en tout cas, il n'a jamais osé m'en accuser réception : l'un desquels, à l'adresse du frère Montbrun, devoit vous passer par le Sac du navire, capitaine Beaubras, par lequel ce bon frère traversa dans ce pays.

Mille remercimens de vos bonnes intentions en faveur de mes enfans; revenant au pays, Madame Raymond me rendroit bien service, si, passant par Nantes, elle pouvoit me ramener ma chère Ébé, fille de Mathurin, que vous avez amenée en France avec vous. A Madame Raymond seule je confierai ce précieux dépôt; elle est à Château-du-Loir, dans la maison aux Ursulines, sous la direction de Madame Moincrye. Il faudroit la demander de ma part à M. Vallot,

(1) Si Mahon eût été coupable d'avoir porté des fusils pour faire soulever les hommes de couleur, comme ont voulu le faire entendre MM. Page et Brulley dans leur diatribe contre moi, assurément ces trois exécuteurs, tous blancs, eussent trouvé quelques traces de son crime et ne l'eussent pas caché.

mon correspondant à Nantes, à qui j'écrirai sur ce point. Je demanderai aussi tous mes autres enfans, pour les faire élever sous mes yeux. « Ainsi je m'en rapporte à vous pour » le choix de trois ou quatre bons instituteurs pour former » la tentative d'un collège à Aquin; je sacrifierai mon reste » pour parvenir à ce but heureux. Aidez-moi dans la circons- » tance, nous acquitterons une autre dette envers la postérité, » et nous ferons faire des prosélytes dans l'esprit national, » en y formant les enfans de tous nos frères (1) ».

La présente doit vous parvenir par la voie de M. Montbrun, à qui elle doit être remise par M. Melinet qui passe à Bordeaux pour cause de maladie; il s'embarque demain par Miragoane. Notre curé, le père Debrun passe avec lui.

M. François doit vous avoir marqué le malheureux assassinat de feu M. Lalvoire père, pour le pillage fait dans sa maison...... L'un de ces MM. feroit très-bien de revenir voir leurs intérêts. Le quartier de Baynet a été abandonné de tous les citoyens propriétaires et autres; tout y est encore en désordre, « par des mal-entendus, des suspicions, fruits de la » méchanceté des mal-intentionnés qui y ont commis des » horreurs ».

» Guillaume se porte très-bien; il est sur sa caféyère à Saint- » Louis, où il est aimé et respecté comme citoyen distingué » par son mérite et sa bonne morale (2).

Mesdames Dumissi et Bois-Rond font leurs sincères amitiés à Madame Raymond, que j'assure de mon respect. Bonne

---

(1) On voit par ce passage quelles étoient nos intentions, et si un pareil langage est celui d'un contre-révolutionnaire.

(2) C'est encore un de mes frères dont on parle en ces termes : assurément tout cela n'annonce pas les crimes que mes ennemis cherchent à m'imputer.

santé ; soyez pénétré des sentimens d'attachement par lesquels je serai toujours,

Votre dévoué ami et frère,
BOIS-ROND *jeune.*

Vous recevrez le journal politique du 13 au 19 mai, le moniteur colonial du 13 au 26 juin, et plusieurs autres numéros dudit; deux numéros de la croix des bouquets, nos deux expéditions et cinq bulletins.

Nos sincères amitiés au voisin Lalanne; Madame son épouse est en bonne santé chez elle.

« Il n'y a plus de distinction parmi les citoyens de couleur : » nous sommes tous bien unis, et bien plus d'accord que les » blancs, quant aux distinctions (1) ».

N°. 16.

Lettre de Labuissonnière.

Léogane, 6 *juillet* 1792.

MON CHER COMPATRIOTE,

J'ai reçu, le 16 du mois dernier, la lettre dont vous m'avez honoré, datée du 8 avril présente année, ensemble les deux décrets que vous eûtes la bonté de m'envoyer.

Je vois, avec un sensible plaisir, que vous ne vous êtes jamais ralenti de l'ardeur que vous vous êtes imposée d'être utile à notre malheureuse patrie, soit par vos sages conseils, soit par vos peines, soit enfin par des déboursés continuels (2).

---

(1) On voit que c'est toujours parmi les colons blancs que s'élèvent les premiers troubles.

(2) On voit par cet aveu que loin d'avoir tiré de l'argent de mes frères, comme l'ont méchamment dit MM. Page et Brulley, pour tromper l'opinion publique sur mon compte, j'ai au contraire toujours sacrifié ma fortune pour défendre nos droits communs.

Oui, mon cher compatriote, tous ceux qui sentent comme moi, vos bontés, votre attachement pour nous, savent aussi mesurer leur reconnoissance pour tout ce que nous vous devons, etc.; ces généreux citoyens qui vous ont aidé de leurs peines et lumières : les vôtres et les leurs sont enfin couronnés du succès. Cette loi si désirée est enfin parvenue officiellement peu de jours avant votre lettre; elle a été promulguée dans toute la partie du nord, avec autant de tranquillité qu'il y a eu d'effervescence à la reconnoissance de celle du 15 mai; elle l'a été pareillement au Port-au-Prince, qui est aujourd'hui reconquis par l'expulsion des scélérats qui l'habitoient.

La proclamation ci-incluse a eu son effet, étant étayée des vaisseaux le Jupiter, le Borée, le Brick, l'expédition et la corvette la Marie-Antoinette, pendant que 1500 hommes de couleur, campés à la grande rivière du Cul-de-sac, et à Volant à une lieue du Port-au-Prince, sur la route de Léogane, leur ont ôté toute communication quelconque; cette dure nécessité les a amenés à jubé. Il nous reste à soumettre Jérémie et Jacmel que nous regardons comme très-peu de chose. J'ai même lieu de croire qu'ils n'attendront pas d'être pareillement bloqués. Dans ce cas, la paix et la pacification de Saint-Domingue et une paix universelle se répandront partout, si elles n'étoient troublées par la guerre que l'on dit être déclarée en France contre les amis de la constitution. Dieu veuille nous éloigner de ce fléau, en répandant l'union et la concorde dans l'Europe entière, ou, pour mieux dire, parmi tous les hommes.

Je désirerois bien vous voir à Saint-Domingue, l'ami Colon et d'autres de nos frères qui vous ressemblent; venez donc nous éclairer et coopérer avec nous pour sauver par une bonne constitution, ce reste fumant de notre patrie (1).

---

(1) Des hommes qui parlent ainsi, ne sont pas ceux qui veulent perdre la colonie.

Aidés de nos vertueux frères et de quelques estimables blancs, nous avons conservé ce quartier, c'est-à-dire de l'incendie. Quant à l'insurrection, nous avons éprouvé de grandes secousses; les journées des 12 et 13 mars ont été très-meurtrières; mais notre constance, notre fermeté ont triomphé.

Nous n'avons perdu qu'une rangée de maisons, à compter celle de la veuve Martin, jusques vis-à-vis Laroche: environ trente-cinq personnes, y compris cinq qui ont été blessées et mortes depuis; environ quatre à cinq cents nègres tués dans les huit jours, à compter celle de l'insurrection et la destruction de l'infernal trou-coffy, réceptacle des scélérats.

Je prie Dieu qu'il vous ait en sa sainte garde, ainsi que nos estimables frères à qui je vous prie d'assurer de mon respectueux attachement.

J'ai l'honneur d'être avec un sincère attachement,

Mon cher compatriote,

Votre très-humble et très-obéissant serviteur,

LABUISSONNIÈRE.

N°. 17.

Lettre de Labadie.

Colline, le 9 juillet 1792.

Cher ami,

J'ai reçu la lettre que vous m'avez fait l'amitié de m'écrire le 8 avril. Il y a environ un mois, revenant de Léogane, j'étois à Saint-Louis, où il y avoit une députation de blancs et d'hommes de couleur, des Cayes, des paroisses de Torbeck, Coteaux, Port-Salut, Cavaillon et Petit-Trou; les blancs de ces paroisses étoient des émigrés (1) réfugiés aux Cayes depuis plusieurs mois ; c'étoit pour concerter les moyens de faire rentrer les nègres insurgés de ces paroisses ; on est convenu que les habitans planteurs choisiront un endroit pour conférer avec les hommes de couleur. Le général avoit fait promulguer deux proclamations concernant le décret qui n'a été publié ici, aux Cayes et à Saint-Louis, que du 21 au 23 juin, parce que le décret ne lui étoit pas encore arrivé officiellement. L'assemblée provinciale qui l'avoit reçu par ses députés à l'assemblée nationale, avoit arrêté le 27 mai, qu'elle s'y conformoit et prioit le général de la faire exécuter.

Le général est au Port-au-Prince depuis le 26 juin ; c'est-à-dire, en rade : il écrit à bord du Jupiter à toutes les paroisses de Léogane, grand et petit Goave, Saint-Michel et circonvoisins, d'envoyer des hommes de couleur à Bizoton, pour empêcher que personne ne se sauve. Cependant le bruit court que Praloto s'est sauvé, et que le général est descendu à terre le 4 de ce mois. Le détachement d'Aquin, parti le dernier, ne s'est rendu qu'à Léogane et arrive aujourd'hui. Etant sur mon habitation, je ne puis rien vous marquer à ce sujet ; et le navire de M. Quétant, qui est à Miragoane, et sur son départ, m'empêche d'attendre plus long-tems pour vous écrire. Comme on parle de guerre, l'assemblée coloniale a arrêté qu'il ne partiroit pas de navire, qu'en convoi.

Je fis part de votre lettre du 8 avril à MM. les émigrés qui étoient à Saint-Louis le 20 juin : M. Berret, maire de Cavaillon, l'a vue avec plaisir, ainsi que tous ; il m'en de-

---

(1) Les émigrés dont parle ici Labadie, ne sont autre chose que des habitans du quartier, qui avoient été se réfugier aux Cayes, ville de Saint-Domingue, dans la partie française, où ils se croyoient en sûreté, contre la révolte des esclaves.

manda copie et me promit de la faire insérer dans la gazette des Cayes. *J'ai toujours prêché votre doctrine ; et, quoique j'aie été assassiné*, emmené à pied, quoique blessé et perdant beaucoup de sang, jusques sur l'habitation Tayau où ma chaise est venue me joindre, mis à la barre, j'ai toujours recommandé à nos gens d'être honnêtes et de porter respect aux blancs qui ne pouvoient en abuser depuis qu'ils avoient accepté le concordat (1).

Au mois de décembre, l'assemblée coloniale a cassé le concordat et le traité de paix. Les habitans des Cayes ont été assez bons de lui obéir ; ils ont été assez bons de sacrifier leurs propriétés pour conserver le préjugé, plutôt que de sacrifier le préjugé pour conserver leurs propriétés ; ils en sont fâchés et au repentir ; mais ce repentir ne peut les indemniser des dépenses et des pertes qu'ils ont faites.

Notre paroisse, Saint-Michel, l'Anse-Aveau, Saint-Louis, ont été, Dieu merci, préservés de la révolte : les révoltés du Petit-trou sont venus chez M. Playdau, au Morne, aux Cros et chez Mesdames Daudin : après y avoir fait quelques dégâts, ils s'en sont retournés, avec promesse de respecter la paroisse (c'étoit un samedi) ; ils ont manqué à leur parole ; et le mardi, on leur a donné la chasse sur les habitations de MM. Anglade et Tournade, et tout est assez tranquille. M. Berret m'a écrit des Cayes le 28 juin, qu'il espéroit que dans quinze jours, tous les nègres seroient rentrés dans l'ordre, ce que je désire : cependant ils ne le sont pas encore tous. Les habitans de Cavaillon sont rentrés chez

(1) Comme on voit, dans toutes les lettres de mes commettans, je n'ai jamais discontinué de prêcher la paix ; et ce que l'on vient de lire ici et tout ce que contient ma correspondance, prouvent avec quelle mauvaise foi j'ai été calomnié, afin de tromper les patriotes sur mon compte, et par suite sur celui de mes frères les hommes de couleur.

eux ; ceux du Petit-tron, dont beaucoup étoient réfugiés à Jérémie, devoient se rendre chez eux, suivant une lettre que M. Roume écrivoit aux gens de couleur de cette paroisse, et qu'un détachement de 300 hommes de Bervick qui étoit à Jérémie devoit les y conduire.

J'ai vu dans le moniteur du Cap, que le 24 juin, les députés de Jérémie disoient à l'assemblée coloniale, qu'ils ne pouvoient faire passer le décret, ni relâcher 120 hommes de couleur qu'ils tiennent prisonniers dans leur rade, que lorsque les gens de couleur des autres paroisses auront mis bas les armes. Il est bon de vous dire que, dans toutes les paroisses coalisées, il n'y a que celle-ci qui n'a pas voulu que les blancs fissent le service avec eux. Votre frère est ici capitaine général, et a eu bien du tracas. M. de Saint-Leger vous en aura sans doute parlé, quoiqu'il ne l'ait pas vu ; il étoit parti pour l'aller trouver à Léogane, et s'est pris trop tard.

A l'arrivée de MM. Mirbeck, Roume et Saint-Leger, ils ont écrit en France pour demander des troupes contre les gens de couleur ; ils étoient guidés par le général (qui n'avoit pas voulu accepter le concordat, et qui auroit garanti les parties de l'ouest et du sud, et épargné bien du sang qui a été répandu) (1) et les assemblées du Cap ; ils ont bien changé de religion. Nous ne saurions donner trop d'éloges à MM. de Saint-Leger et Roume ; nous avons vu leurs lettres avec bien du plaisir ; pour M. de Mirbeck, je n'ai vu que son premier discours ; il est vrai qu'il étoit arrivant et qu'il devoit se sentir du Cap (2).

---

(1) Ceci prouve, comme je l'ai toujours dit, que la rupture des concordats passés entre les hommes de couleur et les blancs, avoit causé les plus grands malheurs. Et c'est à l'assemblée coloniale qui les a fait rompre.

(2) On voit par là l'esprit qui régnoit au Cap.

Vous

Vous devez vous imaginer la sensation qu'a dû faire ce décret bienfaisant parmi les blancs ; et, quoique ceux qui étoient coalisés exécutoient le concordat, il est certain qu'ils n'y croyoient guère. Le décret du 24 septembre ayant mis notre sort entre les mains de l'assemblée coloniale, ils comptoient, avec raison, que cette assemblée n'auroit pas prononcé en notre faveur (1). Le général qui a dû avoir reçu dans son tems, le décret du 7 décembre, et qui, tenant le secret, sollicitoit l'assemblée à prononcer sur notre sort, avant la connoissance de ce décret, elle disoit qu'elle ne prononceroit que lorsque les hommes de couleur auroient mis bas les armes. M. de Blanchelande, qui auroit dû être juste, ne cessoit par ses proclamations de nous avilir ; et dans celle qu'il a faite à l'occasion du décret, il n'a pu s'empêcher d'ajouter que nous devions toujours regarder les blancs comme nos pères et nos bienfaiteurs ; nous avons vu cela avec plaisir dans la lettre de M. Roume ; et c'est notre façon de penser ; mais dans M. de Blanchelande nous avons cru voir un ordre : s'il s'étoit bien comporté avec les gens de couleur, c'étoit l'avis d'un père ; mais, après avoir été cause de la mort funeste d'Ogé, de Chavanne, etc. ; le sang mêlé lui doit obéissance, et reconnoissance à MM. de Saint-Leger et Roume.

J'ai reçu, la semaine dernière, votre lettre du 15 février ; elle a resté au Cap fort long-tems ; je n'en ai point reçu d'autres de vous : c'étoit un crime d'en recevoir, et on avoit soin de les garder (2).

---

(1) Lisez pages 31, 32, 37 et 38, de mon mémoire adressé au comité de marine et des colonies, ce que j'ai dit à ce sujet. On voit encore par ce passage, que j'avois raison de dire que les prétendus amis de la loi du 4 avril, n'étoient pas de bonne-foi.

(2) Par-tout on voit la preuve de l'inquisition exercée contre nous, et que toutes mes lettres ont été interceptées.

Dites-nous, je vous prie, quel effet a produit la lettre que l'assemblée a écrite aux 83 départemens et aux chambres de commerce, pour demander vingt mille hommes à l'assemblée nationale et au roi, pour nous exterminer (1) ? Vingt mille hommes, grand Dieu ! Avec quoi les auroient-ils nourris ? ils auroient porté la famine au continent et aux îles espagnoles, où ils auroient pu tirer des animaux, car ceux de toute l'île espagnole ne les auroient pas nourris quinze jours. Lorsque l'on projettoit de prendre la Jamaïque, il n'y avoit pas 15000 hommes. Enfin, le décret a été reçu par-tout et avec beaucoup de plaisir, comme un terme à leurs maux, comme me l'a écrit M. Berret.

Depuis et compris 88, nous éprouvons des secs affreux: le mois de mai nous amène le colleux. Actuellement mes jardins sont tellement amarrés, qu'il me faudroit beaucoup de pluie pour les larguer. Je vous désire une santé des plus parfaites et à Madame (dont vous ne me dites rien dans votre dernière), à votre frère et à sa femme et à la Lanne. J'étois un des abonnés à la gazette de M. Gaterau; faites-lui, je vous prie, nos complimens. MM. Le Lievre et Hubert ont vu avec plaisir la pétition que vous avez envoyée à Boisrond (2). Faran est bien sensible à votre souvenir; il vous dit bien des choses. Vous m'avez fait entendre que vous viendrez bientôt; cela me feroit un plaisir infini de pouvoir vous embrasser. Ma femme vous fait les mêmes souhaits que moi et à ma commère. Vous croirez, peut-être, que cette lettre n'est pas de mon écriture, parce

---

(1) Cette adresse a été effectivement envoyée avec profusion aux 83 départemens, sous l'assemblée constituante.

(2) Les citoyens Lelièvre et S. Hubert sont deux habitans blancs du quartier d'Aquin, et anciennement commandans des milices. Leur adhésion à ma pétition, prouve qu'elle étoit propre à ramener les esprits.

qu'elle étoit tremblante ; mais, depuis que j'ai été fusillé, je ne tremble plus. Faites des remercimens à tous ces Messieurs qui se sont employés pour nous, et me croyez tout à vous, votre ami,

P. LABADIE.

N°. 18.

Lettre de F. Raimond.

A Aquin, le 18 juillet 1792.

Mon cher frère, je commence comme le déserteur : Ah, je respire !

Je reçois votre lettre, datée du 16 janvier dernier ; je vois avec bien de la satisfaction que vous jouissez d'une bonne santé, ainsi que ma chère mère. Le bonhomme Dasmard est bien portant ; Challe est mort il y a environ six mois.

Voilà donc le décret du 24 mars dernier, lu, publié et affiché, qui fixe notre état politique, si long-tems disputé par l'abominable préjugé. Grand Dieu, comme ce pays est déchiré ! Quel désordre occasionné par ce préjugé à l'orgueil trop enraciné dans le cœur de la plus grande partie des blancs de Saint-Domingue ! Ils sont étourdis aujourd'hui de voir leur ouvrage, de voir un si riche pays ruiné, et qui jamais n'aura la même splendeur. *Il y a encore des quartiers qui ont espoir de faire retirer ce décret comme celui du 15 mai ; mais il faut obéir à la loi* (1).

J'ai été nommé chef des citoyens de couleur d'ici ; j'ai su, par ma conduite et ma prudence, conserver cette paroisse ; et notre activité, au moindre mouvement des ateliers, envoyoit

(1) Ceci explique les derniers troubles de la colonie.

des détachemens pour leur imposer silence et les tenir dans le devoir ; il est vrai que nous étions coalisés avec les blancs, et tous les quartiers qui l'ont été, ont été conservés et préservés de l'insurrection des noirs, malgré que les mal-intentionnés aient cherché tous les moyens de renverser tout (1).

Vous verrez MM. de Saint-Leger et Mirbek, commissaires civils, qui repassent en France pour faire le portrait des assemblées et corps populaires de Saint-Domingue qui ont méconnu leurs pouvoirs. Ce ne sont pas des hommes, mais bien trois dieux que la nation nous avoit envoyés ; et si la colonie n'a pas été anéantie, on en a obligation à ces trois dignes hommes, et sur-tout M. de Saint-Leger. Plut à Dieu que ceux que le décret annonce, soient de même!

J'ai reçu une lettre de M. de Saint-Leger, pendant qu'il étoit à Léogane, très-satisfaisante. Je m'étois mis en route pour aller lui présenter mon respect et l'assurer de notre soumission à la loi et à tout ce qu'il nous ordonneroit ; mais je suis arrivé trop tard, il étoit parti.

Nous avons bien de l'obligation à M. Pinchinat. Quel homme pour écrire et faire des traités ! il est unique.

Nous sommes tous enchantés que M. Gatterau soit à Paris ; c'est un homme que nous aimons bien : c'est le seul écrivain de Saint-Domingue qui ne nous ait pas déchirés ; ses écrits sont vrais et fermes. Nous avons bien craint qu'on lui eût fait subir le même sort qu'à bien d'autres honnêtes personnes. C'est lui qui doit bien vous instruire de toutes les trames qui ont été ourdies dans la colonie.

Parlons à présent des affaires d'intérêt. Les nègres dont vous me parlez, sont morts dans le tems que M. Thomas prenoit possession ; je n'osois rien dire, nous étions si bien menés que

---

(1) On voit que par-tout où les blancs ont été sincèrement liés avec les hommes de couleur, la paix y a été maintenue.

nous n'osions paroître. Je suis pressé par celui qui veut bien se charger de ma lettre : je vous écrirai plus amplement, et vous rendrai compte de tout.

Embrassez votre frère Jean, sa femme et son enfant. Une partie de ses noirs sont en insurrection; Guillaume est sur sa caféyère, à Saint-Louis, faisant 150 milliers de café cette année. Nous sommes toujours ici dans les fers. M. Mahon est mort aux Cayes.

Nos frères vous embrassent, ainsi que ma chère mère. M. et Madame Guionnet se portent bien; c'est lui qui est héritier de Challe. Votre ami,

F. RAIMOND.

Votre lettre à Labadie nous donne l'espoir de vous voir ici bientôt; n'y venez pas avec aucune charge, venez en simple particulier (1).

Tous les citoyens de couleur vous font mille complimens.

N°. 19.

Paris, le 9 novembre 1792.

Mes chers concitoyens et frères,

J'aurois manqué à la confiance dont vous m'avez honoré, si je ne vous avois pas adressé avec la plus grande exactitude tous les décrets de l'assemblée législative, depuis le 9 août dernier, ainsi que la collection de toutes les pièces qu'elle a fait imprimer pour éclairer le peuple français sur les horribles trahisons qu'on méditoit contre lui, et le mettre en état de prononcer sur les grands évènemens qui viennent

(1) Ceci prouve combien ma famille est éloignée de toute ambition. Quant à moi, je défie toute personne de prouver que jamais j'aie sollicité aucune place, ni pour ici, ni pour l'Amérique.

de se passer, ainsi que sur les mesures qu'alloit nécessairement prendre la convention nationale.

Maintenant, pour continuer de remplir ma tâche, je vais vous rendre compte des décrets rendus par la convention nationale : le premier est l'abolition de la royauté en France, et il a été rendu à l'unanimité, ainsi que celui qui déclare que la France est une république.

Comme il peut y avoir encore dans notre colonie des malintentionnés qui chercheroient à la replonger dans les horreurs de l'anarchie, et qu'ils pourroient, pour y réussir, travestir les faits, ou les présenter sous des points de vue trompeurs, je vous prie de lire la collection dont je vous ai parlé, et vous serez convaincus du droit qu'a eu la nation d'abolir la royauté et de se donner un gouvernement républicain ; ensuite nous examinerons ensemble si le gouvernement républicain ne convient pas mieux aux colonies (1).......

Pour se convaincre du droit qu'a eu la nation de se faire une nouvelle constitution, il suffira de lire l'article III de la déclaration des droits, que voici :

« Le principe de toute souveraineté réside essentiellement » dans la nation. Nul corps, nul individu ne peut exercer » d'autorité, qui n'en émane expressément ».

Si vous parcourez ensuite la constitution elle-même, vous trouverez, au titre III des pouvoirs publics, que « la souve- » raineté est une, indivisible, inaliénable et imprescriptible, » elle appartient à la nation. Aucune section du peuple, ni » aucun individu ne peut s'en attribuer l'exercice ».

Enfin si vous allez au titre VII de la révision des décrets constitutionnels, vous y lirez, article Ier :

« L'assemblée nationale constituante *déclare* que la nation » a le droit imprescriptible de changer sa constitution ».

---

(1) Ces maximes ne sont-elles pas celles d'un vrai républicain ?

D'après ces trois articles, vous voyez qu'il est bien évident que la nation seule, seule souveraine, a le droit de se donner la constitution et le gouvernement qu'elle croira mieux lui convenir. Mais, pourra-t-on vous dire, la nation a-t-elle voulu effectivement, et a-t-elle manifesté son vœu pour l'abolition de la royauté, et pour se déclarer républiquo ?

L'affirmative est évidente, car le corps législatif, après l'acte par lequel il a suspendu le roi, ayant invité le peuple français à se former en assemblées primaires, pour nommer ses représentans à la Convention Nationale, le peuple s'est formé en assemblées primaires, et elles n'ont eu qu'un vœu pour l'abolition de la royauté; et, depuis que ses représentans à la convention nationale l'ont décrétée, le peuple y a donné son adhésion, comme vous le verrez par des adresses de toutes les parties de la république. Les colonies seules, à cause de leur éloignement, n'ont encore pu manifester leur vœu, ni coopérer à cet acte de souveraineté nationale. Mais indépendamment de ce qu'elles ne pouvoient pas contrarier ni arrêter la volonté générale, examinons si le gouvernement républicain ne leur convient pas mieux sous tous les rapports que le gouvernement monarchique, tendant toujours au despotisme. En m'adressant d'abord à tous les colons en général, je leur dirai : danstous les tems, vos réclamations les plus vives ont toujours été faites contre les vexations des agens du gouvernement, et contre cette foule de commandans, de majors, d'officiers de tous les grades, indispensables dans un gouvernement monarchique. Ils n'ont jamais cessé de vous vexer, de vous tyranniser de toutes les manières, et plus d'une fois ces tyrannies vous ont fait désirer un gouvernement qui pût vous en délivrer; or quel est le gouvernement qui peut mieux se passer de tant de subalternes salarié, si ce n'est le gouvernement républicain ?

Je demanderai encore à tous les colons, s'il est un gouvernement où les personnes et les propriétés soient plus respectées que dans un gouvernement républicain, où chaque individu garde toujours sa portion de souveraineté, où il peut dans tous les tems discuter et faire valoir tous ses droits ?

Je ferai appercevoir ensuite à tous les colons, aimant la liberté et l'égalité, que dans une monarchie, le prince donne les places qui sont à vie ; que ces places, toujours accompagnées de marques distinctives et de décorations, accoutument nécessairement les hommes qui les possèdent, à se croire au-dessus des autres. Dans une république au contraire, dont l'égalité fait la première base, les hommes sont nommés aux places et aux grades par leurs concitoyens qui peuvent les en dépouiller quand ils manquent à leurs devoirs et ne remplissent pas le vœu général. Eh! n'en doutons pas, cette dépendance immédiate tient toujours l'homme à sa place, et le force à faire le bien.

Je dirai à mes frères les citoyens de couleur, ce que je leur ai déja dit dans une de mes précédentes, que le gouvernement populaire et représentatif étoit le seul où ils pouvoient maintenir la jouissance de leurs droits (1) et parvenir, avec les talens nécessaires, aux places de la république concurremment avec les autres membres de la société. Je leur observerai, pour appuyer par des faits ce que j'ai avancé, que, dans une république, il y a toujours moins de ces distinctions humiliantes, que dans tout autre gouvernement; je leur observerai qu'ils en ont un exemple dans l'île de Curaçao et autres possessions appartenantes à la république d'Hollande; ils savent que là, le préjugé contre la couleur étoit presque nul par l'esprit d'égalité qui règne dans ces colonies; ils savent aussi que ces îles n'étoient pas remplies, comme nos colonies françaises, d'avanturiers décorés

(1) On voit encore ici que j'avois développé mes principes dans une de mes précédentes, et que toujours ils furent profondément gravés dans mon cœur.

qui

qui ne briguoient les places du gouvernement, que pour vexer et persécuter de toutes les manières, le paisible et honnête cultivateur.

C'est en observant ces différences avantageuses, que vous pourrez, mes chers concitoyens, juger combien le gouvernement républicain qui a pour base l'égalité, est préférable à tout autre.

Si, de ces avantages, je passe à ceux qui doivent résulter du gouvernement républicain pour la fortune et l'aisance particulière, je n'en trouverai pas moins encore, et je les appuyerai sur des faits; car si l'on considère dans l'Inde comme en Amérique les colonies européennes, on y verra les colonies hollandaises beaucoup plus florissantes que les autres. Là, chaque individu y étant moins gêné par le gouvernement, donne plus d'essor à ses combinaisons en tout genre, plus d'activité à ses travaux; par conséquent, les fruits et les bénéfices qu'ils en retirent, sont plus considérables.

Ajoutez encore qu'une république est toujours infiniment moins grevée d'impôts; car il faut à une monarchie une cour brillante et fastueuse, des édifices somptueux; et tout cela aux dépens des peuples. Et tels étoient pour la France les frais du trône, qui s'élevoient à plus de quarante millions pour les seuls plaisirs et l'entretien du prince et de sa famille.

Si à toutes ces considérations, mes chers concitoyens, vous ajoutez les sentimens de reconnoissance que vous devez à la nation qui vous a rendu vos droits, et qui a fait des sacrifices immenses dans les armemens considérables qu'elle a faits pour vous en faire jouir; vous ne balancerez pas à vous attacher encore plus étroitement à cette grande et magnanime nation, par des liens à jamais indissolubles.

N'appréhendez rien pour vos propriétés, elles seront respectées, quoi que puissent dire des hommes qui voudroient vous donner des craintes sur cet objet, et cela dans l'espoir de voir commencer des troubles trop tôt appaisés pour leurs coupables desseins (1).

Les vertus qui naissent naturellement sur un sol républicain, font espérer à la nation que vous serez vous-mêmes les premiers à demander des loix sages qui, en maintenant vos propriétés, améliorent sensiblement le sort de vos esclaves, et les mènent insensiblement, et sans diminuer vos fortunes, à un état qui ne fasse plus gémir l'humanité. Eh! n'en doutez pas, mes chers concitoyens, ce problême n'est pas insoluble. Vous avez vu dans une de mes lettres un apperçu de ce plan, que j'avois soumis à vos lumières par mes dernières dépêches.

Je dois vous rappeler ici que la Convention nationale a pris sous la sauve-garde de la nation les personnes et les propriétés.

Par les lettres de nos frères du sud, ils me témoignent des craintes sur le sort de la France dans la guerre que les tyrans nous ont déclarée. Que peut craindre de la coalition de quelques tyrans, une nation toute armée et composée de 27 millions d'individus? Rien sans doute. Eh bien! telle est aujourd'hui notre position, et elle servira à vous faire connoître le vœu général de la nation entière pour l'abolition de la royauté; c'est que tous les hommes, depuis l'âge viril, jusqu'au plus avancé, sont tous armés pour défendre la liberté, l'égalité et leur patrie: on les voit à l'envi se précipiter pour courir aux combats: les femmes même, oublient la foiblesse de leur sexe, et disputent aux hommes la gloire de terrasser les ennemis de notre liberté. Une nation qui se prononce ainsi, ne recevra (comme vous le sentez) de loix, que celles de sa

(1) Les ennemis de la république avoient répandu le bruit dans la colonie, que l'intention de la Convention, étoit de déclarer tous les noirs libres.

propre volonté. Les papiers publics que je vous envoie, vous convaincront de ce que je vous dis (1).

J. RAIMOND.

N°. 20.

Circulaire à mes frères les hommes de couleur (2).

Paris, le 21 mars 1793.

FRÈRES ET AMIS,

Des ennemis de la nation, des forcenés viennent de tramer un complot abominable, ou pour enlever à la nation nos colonies, ou pour achever de les détruire par le fer et par le feu. C'est à vous, frères et amis, qu'il est réservé de faire échouer des projets dans lesquels la perfidie le dispute avec l'atrocité des moyens d'exécution.

Oui, frères et amis, c'est sur vous que la nation se repose du soin de ses intérêts dans la partie de la République que vous habitez. Ses bienfaits, le serment que vous lui avez souvent répété, de mourir pour défendre et conserver les propriétés nationales, sont pour la nation une garantie suffisante. Que votre énergie s'accroisse, que vos moyens se multiplient en raison des événemens dont vous allez être té-

(1) Les principes qui sont développés dans la lettre qu'on vient de lire, peuvent-ils laisser du doute sur mon civisme ? Non sans doute, puisqu'ils sont les mêmes que ceux que la Convention Nationale professe elle-même.

(2) J'ai toujours pensé qu'il étoit du devoir d'un bon citoyen de recommander à ses frères la confiance dans les délégués de la nation ; en conséquence, j'ai dit du général Galbeau ce qu'on va lire, et ce qui étoit alors l'opinion publique, que je ne ferois que répéter.

moins. Etonnez par votre courage et par vos vertus civiques les nations qui essayeront de vous combattre. Ah! frères et amis, si les blancs des colonies ont eu long-tems l'injustice de vous présenter à la France comme un objet de mépris ; oubliez cette injustice ; et, pour toute vengeance, forcez-les, en déployant les qualités les plus éminentes, à s'enorgueillir d'avoir été vos pères ; attachez-vous sincérement à tous ceux qui, comme vous, reconnoissent la souveraineté nationale : vous et eux, n'avez qu'un même intérêt, celui de faire prévaloir cette souveraineté sur celle que les despotes et les tyrans eurent l'adresse de ravir aux peuples ; songez à ce que vous étiez sous ces despotes, et voyez ce que vous êtes aujourd'hui : vous êtes cependant les mêmes hommes ? Oui : mais c'est que l'intérêt des despotes est dans l'avilissement des peuples ; et qu'au contraire, celui des nations, est dans l'énergie et dans leur élévation. Celle que viennent de montrer les Français, devoit donc nécessairement leur attirer la haine de tous les despotes ; ils la manifestent aujourd'hui, en nous déclarant tous une guerre avec laquelle ils pensent nous effrayer par les moyens atroces qu'ils veulent y employer. Eh bien, frères et amis, soyons toujours fermes et unis, et leur rage viendra se briser à nos pieds, comme les vagues de l'océan aux pieds des rochers de l'isle que vous habitez.

Je vous le répète, la nation compte sur votre énergie, sur votre reconnoissance et sur votre fidélité ; elle vous fournira tous les moyens de déployer ces qualités, et elle n'épargnera rien pour les seconder : des compagnies franches vont être formées et organisées dans les colonies, et vous y nommerez vos officiers. Un général, votre compatriote, et qui s'est couvert de gloire vous est envoyé ; comptez sur son attachement à la patrie et sur son civisme dont il a donné des preuves multipliées. Etranger à tous préjugés, quoique colon ; il donnera son exemple à suivre à tous ceux qui, jusqu'à ce jour, n'ont pas eu la force de les fouler aux pieds : comptez donc sur le maréchal de camp Galbeau, que la nation vous envoie ; il soutiendra vos droits et vous conduira à la gloire.

J. RAIMOND.

N°. 21.

Au citoyen commissaire national, Sonthonax.

Paris, cour de l'orangerie, le 24 mars 1793, l'an deuxième de la république.

Mon cher et digne ami, si vous avez à lutter contre les chefs des contre-révolutionnaires et les chefs des indépendans, nous n'avons pas moins à faire ici contre eux, et ici comme à Saint-Domingue, ils veulent prendre le masque du patriotisme. C'est sous cet égide qu'ils se présentent ; mais comme il est facile de les démasquer et de faire dissiper le prestige, ils n'ont pas beau jeu.

Je vous envoie ci-inclus deux brochures que je viens de faire paroître coup sur coup pour déjouer ces faux patriotes (1).

J'y joins aussi une pétition manuscrite que j'ai faite à la convention, pour en déjouer une des leurs, qui demandoit le rapport d'un dernier décret de la convention, dont l'exécution rendra la paix et la prospérité à la colonie, en même-tems qu'il y fera triompher les principes et la vertu de ceux qui, comme vous, les professent sincèrement, pour y amener tous les individus.

---

(1) Mes réflexions sur les troubles et les désastres de Saint-Domingue, auxquelles sont jointes ma proclamation projetée pour les esclaves révoltés, et ma lettre au citoyen D***, député à la Convention.

Je n'entrerai point ici dans des détails ; en lisant mes brochures et les papiers-nouvelles que je joins à ma lettre, vous serez suffisamment au courant.

Je vous adresse et vous recommande comme un excellent patriote le jeune citoyen St. Victoux, que vous avez connu ainsi que son digne père, aux jacobins. Ce jeune citoyen vient d'obtenir un brevet d'officier dans un des régimens qui sont à Saint-Domingue ; mais comme il est dans l'intention de se fixer auprès d'un oncle qu'il a dans cette colonie, pour y réparer les pertes que la révolution a fait éprouver à son digne père, et qu'il craint que le régiment, dans lequel il vient d'entrer, ne soit rappellé, il désire être employé dans la gendarmerie nationale de Saint-Domingue. En conséquence, mon digne ami, je vous prie d'employer ce brave et loyal citoyen ; c'est un cadeau que vous ferez à la colonie, et il seroit bien à désirer qu'elle se peuplât d'hommes nouveaux comme ce jeune citoyen qui est presque né et nourri dans la révolution, et dont le cœur n'a pas été gangrené des vices de l'ancien régime du vieux et nouveau monde. Une considération puissante doit vous déterminer, mon ami ; c'est que nous prouverons par cet acte de justice, que ni vous ni moi n'avons jamais désiré exclure, comme on nous en accuse, tous les blancs, des places. Hélas ! plût à Dieu qu'ils les ayent toutes, et qu'ils les remplissent avec l'énergie et la vertu qui vous caractérisent, et jamais on n'entendra de réclamations de la part des hommes de couleur ; car la meilleure place, selon moi, est celle où un honnête homme puisse vivre tranquille sous l'égide de bonnes et sages loix.

Après vous avoir demandé, pour *un bon blanc*, ce que je viens de vous demander pour le jeune St. Victoux, je vais vous demander le contraire pour un mauvais homme de couleur, qui vient de passer à Saint-Domingue, et dont j'apprends que le projet est de diviser entre eux les citoyens de couleur. Faites, mon ami, surveiller cet homme, que je ne veux pas qualifier ici. Mais je vous exhorte au nom de la justice et de l'impartialité que vous professez, de sévir contre cet homme, s'il se conduit mal à Saint-Domingue, et de ne pas plus le ménager que ceux que vous avez fait déporter pour avoir voulu mettre le trouble dans la colonie. L'homme blanc et de couleur, pervers, doivent être également traités par la loi qui punit, comme par celle qui protège. Voilà l'égalité parfaite.

Je suis avec les sentimens de vénération, d'estime et d'amitié que vous méritez si bien.

Faites agréer à vos collègues Polverel et Delpeche mes mêmes sentimens à leur égard; quoique je ne connoisse pas le dernier, sa dernière dépêche m'a donné la plus haute idée de lui; et comme étant bien propre à seconder les bonnes intentions que vous avez pour notre malheureuse colonie; sauvez-nous-la, digne citoyen, et conservez-la à la France qui vous en sera reconnoissante un jour, ainsi que ses vrais habitans (1).

Votre ami et concitoyen,

J. RAIMOND.

---

(1) Cette lettre prouve que si, contre toute attente, Sonthonax et Polverel ont pu devenir coupables, je n'ai pu partager, y entrer pour rien. Quand j'adressai cette lettre au premier, la Convention venoit de rendre un décret en sa faveur, sur ses dernières dépêches du mois de novembre dernier, et à cette époque ils n'étoient dénoncés par personne; ce ne fut que dans la discussion (sur le décret dont je parle) au comité de marine et des colonies, que les citoyens Page et Brulley commencèrent à jeter des soupçons sur ces deux commissaires. C'est à ce sujet que j'ai parlé d'eux dans le mémoire sur les troubles de Saint-Domingue que nous avoient demandé le comité de marine et des colonies; on y verra que j'ai demandé que la Convention prononçât sur ces commissaires, d'après les pièces qui lui seroient fournies, et que j'y propose dans mes moyens, d'envoyer à Saint-Domingue deux commissaires, pris dans le sein de la Convention, pour qu'ils pussent juger par eux-mêmes. Cette conduite franche de ma part, n'a jamais été démentie; voyez les pièces que j'ai déposées au comité de marine.

N°. 22.

Au citoyen Pinchinat, membre de la commission intermédiaire.

Paris, le 10 février 1792, l'an deuxième de la République.

J'ai reçu, avec la plus vive satisfaction, mon cher et digne ami, la lettre que vous m'avez fait l'honneur de m'écrire, en date du 12 décembre. Je savois déjà en partie les nouvelles qu'elle contient; mais les détails que vous me donnez, m'ont paru si essentiels, que je les ai fait mettre dans les papiers publics, comme vous le verrez par quelques-uns de ceux que je vous adresse. En prenant cette mesure, je n'ai fait que consolider l'opinion nationale, qui est, que les citoyens de couleur seuls peuvent sauver et conserver les malheureux restes de notre colonie. Continuez donc, mon digne ami, à éclairer nos frères sur leurs vrais intérêts, qui sont inséparables de ceux du nouveau gouvernement que nous venons de nous donner. C'est sur-tout dans la guerre que nous occasionne notre heureuse révolution, que nos frères doivent montrer toute l'énergie, la fidélité et la reconnoissance dont ils sont susceptibles, et que leurs ennemis même ne leur contestent pas. Nos frères doivent être bien convaincus aujourd'hui des bonnes intentions de la nation à leur égard. Le choix des commissaires que vous avez, le général qu'on vous envoie pour les seconder, toutes les précautions que la nation va prendre pour faire triompher les droits sacrés de l'égalité entre les libres, doivent les rassurer pour toujours sur la jouissance de ces mêmes droits. Ainsi, ils ne seront assurés pour eux, qu'autant qu'ils feront prévaloir dans les colonies, les principes de de notre nouveau gouvernement : c'est donc à eux à les défendre ; qu'ils ne se méprennent pas, comme j'ai dit, à toutes les belles promesses des grands ; ils ont un intérêt si contraire à celui des peuples, qu'il faut toujours que ces derniers soient lésés, quand les grands règnent.

Le général Galbeau, créole de Léogane, va relever M. Rochambeau ; c'est un excellent patriote, et bon général ; il ne partage du tout point les préjugés des colons, ou, pour mieux dire, leurs vues perfides ; car, ne nous y trompons pas, mon ami, dans tout ceci le préjugé n'est que le prétexte, comme la religion l'étoit lors des guerres de la ligue. Il est impossible qu'un préjugé soit si tenace, ce n'est pas dans la nature du cœur humain ; mais ce qui y est bien enraciné, et ce qui est indestructible, ce sont les passions ; et ces préjugés n'en sont pas ; c'est l'ambition démesurée des grands qui font tout servir, et qui sacrifient tout pour la satisfaire. Revenons au général Galbeau : je dis donc qu'il est absolument dans le sens de la révolution ; je l'ai vu souvent ici lorsqu'il fut nommé pour la Martinique (1) ; j'ai dîné chez lui, il a dîné chez moi, et je n'ai vu en lui qu'un ami de l'humanité, de l'ordre et de la justice ; je lui ai donné pour secrétaire un homme de couleur de l'Inde, jeune homme plein de talens, et qui, sans doute, le suivra à Saint-Domingue, puisqu'il le menoit à la Martinique (2).

J. RAIMOND.

---

(1) Sa destination n'a changé qu'à cause des circonstances de la guerre.

(2) On verra par une lettre que le général Galbeau m'a adressée avant de partir, que déjà des mal-intentionnés avoient cherché à me calomnier auprès de lui.

N°. 23.

Extrait du procès-verbal de l'Assemblée nationale, du 7 septembre 1792, l'an quatrième de la Liberté.

Pétition de plusieurs hommes de couleur, satisfaits d'habiter la terre de la liberté, et jaloux de jouir des droits que leur donne la loi du 24 mars dernier ; ils se disposent à se former en compagnie franche, et à se rendre aux frontières pour y combattre les ennemis de la patrie. L'assemblée applaudit à leur zèle et à leur patriotisme, les renvoie au conseil provisoire exécutif ; ordonne la mention honorable et l'insertion de leur adresse au procès-verbal, l'impression et l'envoi aux départemens et aux armées avec la réponse du président. Ils sont admis à la séance.

Suit la teneur de l'adresse :

LÉGISLATEURS,

Lorsque votre loi bienfaisante du 24 mars, nous rappela à nos droits, nous fimes le serment de verser notre sang pour le service de la patrie.

Ce serment sacré, nous venons le tenir : ainsi que tous les Français, nous brûlons de voler aux frontières.

Législateurs, nous sommes encore en petit nombre ; mais si vous daignez seconder notre zèle, bientôt il s'augmentera, et nous formerons un corps nombreux. En conséquence, nous vous supplions d'autoriser le ministre de la guerre à nous organiser le plus promptement possible en légion franche, sous le nom qu'il vous plaira lui donner.

Si la nature, inépuisable dans ses combinaisons, nous a

différenciés des Français par des signes extérieurs ; d'un autre côté elle nous a rendus parfaitement semblables, en nous donnant, comme à eux, un cœur brûlant de combattre les ennemis de l'état.

Pour moi, Messieurs, choisi par mes frères pour être l'interprète de leurs sentimens, je suis privé par mon âge et par une mission particulière, de les suivre dans la carrière de l'honneur ; mais je contribuerai d'une somme de cinq cents livres par chaque année (dont voici le premier trimestre), aux frais de l'équipement de cette troupe ; et j'ajouterai un prix de pareille somme pour celui d'entre eux qui fera une action digne de votre éloge.

Signé, RAIMOND.

Réponse de M. le Président.

Messieurs,

La vertu dans l'homme est indépendante de la couleur et du climat. L'offre que vous faites à la patrie de vos bras et de votre force pour la destruction de ses ennemis, en honorant une grande partie de l'espèce humaine, est un service rendu à la cause du genre humain tout entier. L'assemblée nationale apprécie votre dévouement et votre courage. Vos efforts seront d'autant plus précieux, que l'amour de la liberté et de l'égalité doit être une passion terrible et invincible dans les enfans de ceux qui sous un ciel brûlant, ont gémi dans les fers de la servitude. Avec la réunion de tant d'hommes qui vont se presser autour des despotes et de leurs esclaves, il est impossible que la France ne devienne bientôt la capitale du monde libre et le tombeau de tous les trônes de l'univers.

Collationné et trouvé conforme à la minute du procès-verbal déposée aux archives de la République françoise ; en foi de quoi j'ai signé et fait apposer le sceau desdites archives.

A Paris, le 3 septembre 1793, l'an deuxième de la République une et indivisible (1).

L'un des députés-commissaires aux archives, en l'absence de l'archiviste,

P. C. L. BAUDIN.

N°. 24.

A. N. de Lasalle, gouverneur général par intérim des isles sous le vent, à la citoyenne de Lasalle son épouse.

Ce 23 mars 1793, l'an deuxième de la République françoise, de Saint-Marc.

La guerre contre les esclaves révoltés diminue d'activité; ils sont réduits en grande partie: ils continuent cependant d'incendier pendant les nuits; mais nos ennemis les plus à craindre sont les blancs contre-révolutionnaires et la section des Léopardins, qui, sous le voile d'un patriotisme faux, soulèvent les petits blancs, l'écume de l'Europe, séduisent les corps populaires et cherchent tous les moyens de se soustraire à l'obéissance qu'ils doivent à la République; ils cher-

(1) Au mois de septembre 1792, lorsque les ennemis de la liberté fouloient notre territoire et que tous les françois se précipitoient pour les en chasser; quelques-uns de mes frères, hommes de couleur, et noirs, vinrent me communiquer le projet qu'ils avoient conçu de former entr'eux un corps armé, pour voler à la défense de la patrie qui venoit de les régénérer. Je les encourageai à suivre ce projet qui ne pouvoit qu'être accueilli par les représentans du peuple; en effet plusieurs s'étant réunis, ils voulurent bien me choisir pour être l'organe de leurs sentimens. Pénétré de reconnaissance, je tâchai d'exprimer leurs sentimens par ce que je sentois moi-même.

chent à se coaliser avec les contre-révolutionnaires qui se voyent sans ressource, complottent avec eux la destruction des gens de couleur et l'anéantissement des autorités constituées.

Je suis parti du Port-au-Prince le 12 pour venir conférer de ces objets avec le commissaire national civil Sonthonax qui est à Saint-Marc avec l'América, vaisseau de 74 canons. Mon départ les a allarmés, et ils ont envoyé pour m'arrêter en mer comme suspect; j'ai été obligé de mouiller, et d'envoyer mon aide-de-camp au commandant de la rade (Daboville), qui a fait de suite cesser cette insurrection, et je suis arrivé à Saint-Marc, où j'ai été reçu comme un Dieu, et porté par le peuple, depuis le rivage, jusqu'au logement du commissaire civil, embrassé et félicité par tous, de ce que je n'étois plus au pouvoir des bandits du Port-au-Prince. Il est vrai que le scélérat Borel, chef des factieux, et commandant la garde nationale du Port-au-Prince, tout en m'accablant de respects apparents, faisoit observer tous mes pas, et que j'étois de fait prisonnier avec l'extérieur de la puissance et de l'autorité. J'y retourne ces jours-ci à la tête de près de trois mille patriotes, la majeure partie gens de couleur, et appuyé par le vaisseau l'América; les frégates, la Fine, la Précieuse, la Gabarre et la Normande; je ferai embarquer les chefs des factieux et les gens sans aveu qu'ils agitent; et j'ai lieu de penser que cette expédition rétablira le calme dans la colonie et rendra l'influence due aux autorités consituées; de là, je me rendrai au Cap pour y mettre tout en défense contre l'ennemi du dehors, et je me porterai ensuite au Mole Saint-Nicolas, séjour, dit-on, fort triste, mais salubre, et si bien fortifié par la nature, que je le regarde comme le rempart de la colonie, et j'y tiendrai jusqu'à ce que la paix soit faite, ou que je sois écrasé sous ses ruines. Je pense que c'est à Amsterdam, ou à la Haye que la paix se fera, et que les protestans hollandois voudroient bien payer les frais de la guerre, comme le clergé de France a payé les dettes de l'état.

Comme ma lettre n'a pas pu partir encore, je la rouvre pour t'annoncer que la lenteur des rassemblemens m'a retenu jusqu'à présent, et que c'est enfin demain que je pars avec mon armée. Je t'envoie un exemplaire des deux lettres que j'ai écrites à la municipalité du Port-au-Prince, le 29 mars.

N°. 25.

A. N. Delasalle, maréchal-de-camp, gouverneur général par intérim des Isles de l'Amérique sous le vent, aux citoyens maire et officiers municipaux du Port-au-Prince.

Saint-Marc, ce 29 mars 1793,
l'an deux de la République française.

Citoyens,

Toutes les autorités constituées par la République française pour la colonie de Saint-Domingue, sont actuellement réunies à Saint-Marc. La commission nationale et le gouverneur général vont s'occuper efficacement du rétablissement de l'ordre dans vos murs et la réduction des insurgés dans la plaine.

Voici le moment où le citoyen Borel peut déployer son civisme, en nous faisant passer la liste de cent cinquante agitateurs, qu'il m'a offert d'envoyer à la commission nationale, lorsqu'il me prioit, par sa lettre du 3 mars, d'appuyer auprès du citoyen Polverel, sa demande d'un congé pour la nouvelle Angleterre, et d'un sursis pour le payement de ses dettes: il me dit alors que la majeure partie de ces êtres dangereux, qui ne manifestoient leur patriotisme que par l'amour de l'anarchie et leur haine pour le pouvoir exécutif, conservateur des loix, étoit alors au camp de Baugé; ceux-là sont rentrés, et il peut prendre tous les renseignemens nécessaires pour la dénonciation civique qu'il méditoit alors. Je vous prie de le sommer, de ma part, de tenir sa parole, puisque, de son aveu, le salut du Port-au-Prince en dépend.

Je vous préviens aussi, qu'au moment d'une guerre étrangère, on ne peut trop ménager les munitions de guerre, et nous vous dispensons des saluts d'usage quand les citoyens commissaires civils et moi nous rendrons au Port-au-Prince: nous ne voulons que la soumission à la loi, et nous défendons qu'aucune troupe s'arme pour nous recevoir.

Signé, A. N. DELASALLE.

N°. 26.

A. N. Delasalle, maréchal-de-camp, gouverneur général par intérim des Isles de l'Amérique sous le vent, aux citoyens maire et officiers municipaux du Port-au-Prince.

Du Camp , ce 29 mars 1793, l'an deuxième de la République française.

Citoyens,

D'après la connoissance que vous m'avez donnée de vos justes sollicitudes, et du besoin que vous avez d'une force armée pour rétablir l'ordre dans votre ville et le calme dans la plaine; j'ai fait un rassemblement, tant de troupes de ligne que de vos frères des paroisses de l'ouest, pour vous porter les secours nécessaires; je vous les amène se reposer un instant dans votre sein, et de là, marcher contre les insurgés; j'ai su que quelques agitateurs, qui ne trouvent leur salut que dans le trouble, avoient tâché d'allarmer le peuple sur cette démarche fraternelle; c'est à vous de dissiper ces injustes terreurs; et je vous requiers, au nom de la loi, de venir au-devant de nous, aux portes de la ville; c'est au milieu des représentans du peuple que je veux y rentrer; de là nous irons ensemble, soit à la municipalité, soit au gouvernement, concerter les moyens les plus propres à dissiper toutes les factions et à ramener la paix et la confiance entre des citoyens que je chéris, et les autorités que la République a investis de son pouvoir.

Vous donnerez vos ordres pour que je ne trouve sous les armes que les seules troupes de garde ordinaire aux différens postes.

Signé, A. N. DELASALLE.

N°. 27.

Au citoyen Casting et autres citoyens de couleur, membres de la commission intermédiaire du Cap.

Ecrite huit jours après le décret contre les commissaires de Saint-Domingue, et remise dans les premiers jours d'août, aux bureaux de la marine, pour être envoyée.

FRÈRE ET AMI,

Privé, depuis plusieurs mois, de vos nouvelles, je suis dans les plus vives inquiétudes sur l'état de notre malheureux pays. D'après

D'après les dernières lettres que j'ai reçues de nos frères, j'avois tout lieu d'espérer la fin des troubles qui déchirent la colonie; cependant on répand ici des nouvelles (dont, à la vérité, on ne connoît pas la source) qui nous annoncent que malheureusement ces troubles ne font que s'accroître et les dévastations se propager. Qui peut donc entretenir cet état de choses, si contraire à l'intérêt général et particulier ?

Je sais bien qu'à Saint-Domingue comme ici, des scélérats travaillent sans cesse pour entraver notre heureuse révolution en en dégoûtant ses plus chauds amis. Mais sans doute, frères et amis, ces moyens ne triompheront pas de votre ardent amour pour une révolution qui nous tire de l'état le plus avili, pour nous porter à celui d'hommes vraiment libres, n'ayant de supérieur que la loi. Sans doute vous ne vous laisserez point entraîner à des sujétions qui contrarieroient cette loi, sous laquelle tout individu doit plier. Vous vous empresserez au contraire de la faire exécuter, fût-elle même contraire à vos plus chères affections. Vous connoissez là-dessus mes principes, et vous les avez vous-mêmes approuvés, lorsqu'à l'époque de la loi désastreuse du 24 septembre 1791, je sollicitai mes frères d'y obéir et de donner cet exemple de soumission aux colons blancs. En effet tel doit être le premier devoir d'un homme libre; s'il en étoit autrement, et que chacun se crût en droit de résister à une loi, sous prétexte qu'elle le foulât, nous finirions par nous plonger dans la plus détestable anarchie.

La loi est la volonté du peuple entier; ses représentans en sont l'organe. Ainsi donc quand un décret est émané de ces représentans, il faut s'y soumettre : ce principe doit vous servir de base dans toutes vos actions. On ne peut donc s'en écarter qu'avec l'intention coupable de vouloir tout dissoudre.

Les commissaires civils, Polverel et Sonthonax, viennent d'être dénoncés à la convention, par les commissaires de l'assemblée coloniale, Page et Brulley; et la convention a rendu un décret d'accusation contre les commissaires civils, dénoncés; ce décret a été envoyé à Saint-Domingue, pour y être exécuté.

Vos ennemis disent ici que vous étiez les agens aveugles de ces deux commissaires, pour opérer la contre-révolution dans la colonie. Dans ces circonstances vous devez prouver à la convention nationale, par votre conduite, que vos ennemis vous ont calomniés, et que vous n'êtes les agens d'aucun individu, ni d'aucun parti; que vos vœux les plus ardens sont de demeurer inviolablement attachés à la république française une et indivisible, de ne reconnoître d'autre autorité que celle de la convention nationale, et de faire exécuter tous ses décrets, lorsque vous en serez requis; et ne manquez pas, pour prouver votre soumission, de lui envoyer votre adhésion à tous ses décrets. Des contre-révolutionnaires, feignant d'être vos amis, essayeront peut-être de vous égarer dans ces circonstances, en vous conseillant des mesures contraires aux décrets de la convention. Regardez ces hommes perfides comme les plus cruels ennemis de la république, et les vôtres; n'en soyez que plus fermes dans vos principes; ralliez-vous plus que jamais à la convention nationale, et obéissez plus ponctuellement à ses décrets.

La convention vous a comptés jusqu'à ce jour, avec juste raison, au nombre des plus ardens amis de notre révolution; puisque vous y gagnez tout, vous ne la tromperez point dans son attente, en soutenant de tous vos moyens cette révolution. Voilà, frères et amis, votre seul parti, et celui dont vous pouvez être les agens. Obéissance à la loi et aux décrets de la convention; attachement inviolable à la république française, une et indivisible, et adhésion entière à la constitution qui vient de nous être donnée et acceptée par le peuple français.

Combien ne seriez-vous pas coupables envers la nation et ses représentans, si, par de perfides suggestions, vous vous laissiez entraîner à des considérations particulières, et que vous méconnussiez les principes développés plus haut? Croyez-moi, chers compatriotes, croyez celui qui a sacrifié sa fortune et sa santé pour votre bonheur; ne vous laissez entraîner à aucune mesure contraire aux décrets de la convention nationale. Voulez-vous déjouer les projets perfides de vos ennemis? Ne vous départez jamais de ces principes: *Obéissance entière et sans restriction aux loix et aux décrets de la convention nationale; attachement inviolable à la république une et indivisible.* En suivant rigoureusement ces principes, votre patriotisme ne se laissera jamais égarer. En effet quel autre intérêt pouvez-vous avoir, et que peuvent être pour vous des personnes isolées, ainsi que leurs opinions et leurs actions? ce n'est point à vous de les juger; à la convention seule appartient ce droit. Si ces personnes sont coupables, la nation en fera justice; si elles sont innocentes, leur innocence sera plus facilement reconnue, lorsque les passions ne seront pas agitées par des mouvemens toujours nuisibles au bien public.

Considérez d'ailleurs que ce ne sont pas tels ou tels individus qui ont fait reconnoître vos droits, mais bien la majorité des représentans du peuple. Par conséquent ce n'est qu'à cette majorité qui subsiste toujours dans la convention actuelle, à qui vous devez tout ce que vous êtes. Gardez-vous donc, frères et amis, de tomber dans les erreurs criminelles de quelques départemens qui n'ont pas été long-tems à les reconnoître et en revenir, ou être punis. Vos ennemis ne désireroient pas mieux que de vous voir tomber dans les mêmes erreurs, pour avoir occasion ensuite de vous présenter à la convention comme des contre-révolutionnaires et en rébellion contre ses décrets.

Restez donc toujours attachés à la convention actuelle; soyez donc assurés qu'elle ne veut que le bonheur des Français, fondé sur la liberté et l'égalité, ainsi que la République une et indivisible. Réunissez-vous donc tous pour ramener le calme et la paix dans la colonie ; oubliez toutes vos haines pour ne vous occuper que du salut de la patrie ; tenez le serment que vous avez souvent fait de vous ensevelir sous les ruines de la colonie, plutôt que de la voir au pouvoir des ennemis.

Je dois, avant de finir, vous rassurer sur les craintes que des malveillans pourroient vous donner à l'occasion du rappel des commissaires civils Polverel et Sonthonax. Cela ne changera rien à la loi du 4 avril, car, plus que jamais, l'intention de la convention nationale est qu'elle soit ponctuellement exécutée et qu'elle ait tout son effet, *je vous le garantis sur ma tête.*

Je ne dois pas non plus vous laisser ignorer un nouveau bienfait de la convention : c'est une loi en faveur des enfans naturels, qui les fait hériter de leurs pères et mères ; vous sentez que c'est un nouveau lien qui doit nous attacher encore plus fortement à la convention (1).

Envoyez votre adhésion à tous les décrets de la convention nationale ; rendez ma lettre publique par la voie de l'impression, que chacun de nos frères en ait un exemplaire, s'il est possible, afin de les garantir des pièges qu'on cherchera indubitablement à leur tendre.

Je vous embrasse bien fraternellement, et suis votre concitoyen et ami, RAIMOND.

Paris, cour de l'Orangerie, le premier août 1793, l'an deuxième de la République.

---

(1) En effet, cette loi est toute à l'avantage des hommes de couleur dont une grande partie sont des enfans naturels des blancs, que le préjugé éloignoit du mariage. Cette loi bienfaisante produira encore un nouvel avantage, celui de subdiviser les fortunes. D'après ces deux effets je doute qu'elle plaise aux colons blancs ; un grand nombre ont des enfans naturels à qui, d'après la loi, le bien doit revenir, et les collatéraux et même des étrangers qui veillent toujours ces successions, ne les verront pas s'échapper sans faire beaucoup de bruit. La preuve que j'en apporte, c'est qu'en 1777, on fit une loi à Saint-Domingue qui défendoit aux enfans de couleur de porter des noms Européens, afin que jamais (portoit la loi) ils ne pussent par la ressemblance des noms, avoir aucune succession venant des blancs. Voyez le recueil des loix, ordonnances, etc. etc. des colonies, par Moreau de S. Mery.

N°. 28.

Lettre de Decout.

A Aquin, isle Saint-Domingue, le 14 novembre 1791.

MONSIEUR,

Permettez que je me rappele à votre souvenir : vous ne m'aurez peut-être pas oublié, comme ayant eu quelque tems la direction de votre santé et de celle de Madame, qui s'est raffermie, m'a-t-on dit, depuis qu'elle est en France, ce qui me fait grand plaisir.

Il y a un an que je remis à M. François Raymond votre frère, un petit roman, ayant pour intitulé, *Adélaïde* ; il goûta ce morceau, et il me pria de le lui livrer tout brut pour vous le faire passer, persuadé qu'il seroit utile à la cause que vous plaidiez en France, attendu que le fond de cette historiette est très-vrai. Je voulus le polir avant que de le lui remettre ; mais il ne m'en donna pas le tems ; en sorte, que c'est un enfant *in naturalibus* ; mais, quoique crasseux, je l'aime, parce que je suis bon père, et, si vous pouviez me rendre le service de le faire peigner et habiller à la française, et ensuite me l'envoyer imprimé, je vous en aurois la plus grande obligation, et je ne vous tairai point que je crois ce petit ouvrage utile pour finir de limer les derniers chaînons du préjugé qui pourroient résister aux dents acérées de la loi.

Si vous voulez m'envoyer tous les exemplaires de l'ouvrage que vous pourriez faire imprimer au nombre de 500, je vous rembourserai le coût de l'impression, et je vendrai à mon profit ; si, au contraire, l'imprimeur veut en courir les risques et garder l'ouvrage pour son compte, je lui demanderai, pour la peine de l'avoir composé, une douzaine de volumes, que vous pourriez adresser à M. François, ou à moi.

Mais, si c'est pour mon compte que l'ouvrage s'imprime, veuillez m'en marquer le coût, et j'en compterai le montant à M. votre frère ou à tout autre que vous m'indiquerez. En ce cas, je vous prierai d'en débiter pour moi le plus que vous pourrez, en observant cependant de m'en conserver au moins 200 volumes pour la colonie.

Comme mes autres enfans portent mon nom, je desire que celui-ci le porte aussi; et, si vous voulez y ajouter des qualités, quoique le tems ne soit guère propice à cela, vous pourriez faire inscrire au bas de mon nom : *membre de la société royale des sciences et arts du Cap-Français, maître en chirurgie et officier municipal d'Aquin.*

Pardon, Monsieur, de toute la peine que cela vous donnera; mais soyez aussi sûr de ma reconnoissance que du sincère attachement avec lequel j'ai l'honneur d'être,

Monsieur,

Votre très-humble
et obéissant serviteur,
DECOUT (1).

N°. 29.

Lettre du citoyen Casting, membre de la commission intermédiaire du Cap, à Raimond, à Paris.

Cap, le 6 mars.

Je me félicite, cher frère, de l'occasion que vous m'avez offerte de vous écrire; je l'eusse fait depuis long-tems, si

(1) Voici, comme l'on voit, une lettre d'un blanc, habitant de mon quartier. Si j'eusse été un homme tel que MM. Page, Brulley et l'archevêque Thibault ont voulu me présenter, me l'eût-il écrite ?

j'avois cédé à l'attrait qui m'y invitoit. J'aurois par-là acquitté plutôt deux obligations, l'une imposée par cette reconnoissance générale que vous avez acquise sur tous vos frères ; l'autre par des rapports de principes existans entre nous, dont j'ai eu la conviction dans vos écrits et sur-tout dans votre lettre ; vous m'y parlez d'après mon cœur, c'est le moyen le plus sûr d'être écouté. J'aime en vous cette logique de la raison embellie des traits de la modération et de la sensibilité ! Pourquoi tous les hommes ne sont-ils pas ainsi ? Tenez-moi toujours ce langage si conforme *au républicain*, qui sent la dignité de son être, ce langage qui m'est cher, et qui, selon moi, est de tous les mondes et de tous les tems.

Je vous envoie une modique lettre-de-change de 220.

Nous ne sommes pas encore tranquilles. L'entêtement, la perfidie et l'égoïsme des colons blancs sont inimaginables, ce ne sera que par la grande dépuration qui en sera faite qu'on parviendra à calmer le pays ; il faut nécessairement qu'on embarque les agitateurs et les factieux, et qu'ils aillent ailleurs prêcher le dogme *de l'indépendance*, porter le poison redoutable et contagieux qui les dévore (1).

Recevez l'assurance de mes sentimens d'estime.

Signé, CASTING.

---

(1) Cette lettre confirme quelle morale j'ai prêchée à mes frères, et s'ils sont républicains. Depuis cette lettre reçue et celle de Boisrond, à la même époque, je n'ai eu de mes frères, ni de qui que ce soit de Saint-Domingue, aucunes nouvelles directes de ce qui s'y est passé depuis. J'atteste de plus, que depuis les dernières lettres de moi qu'on vient de lire, à Pinchinat, à Sonthonax et ma lettre circulaire, je n'ai pas écrit une seule lettre dans ce pays, hors celle en date du premier août dernier.

N°. 30.

Extrait des registres de l'assemblée générale de Saint-Domingue, du 28 mai 1790 (1).

(J'engage le lecteur à lire cette pièce avec attention.)

L'assemblée générale considérant, que les droits de la partie françoise de Saint-Domingue, pour avoir été long-temps méconnus et oubliés, n'en sont pas moins demeurés dans toute leur intégrité;

1°. Considérant que l'époque d'une régénération générale dans l'empire françois est la seule où l'on puisse déterminer d'une manière juste et invariable tous ces droits, dont les uns sont particuliers et les autres relatifs;

2°. Considérant que le droit de statuer sur son régime intérieur, appartient essentiellement et nécessairement à la partie françoise de Saint-Domingue trop peu connue de la France dont elle est séparée par un intervalle immense;

3°. Considérant que les représentans de Saint-Domingue, ne peuvent renoncer à ce droit imprescriptible, sans manquer à leur devoir le plus sacré, qui est de procurer à leurs constituans des loix sages et bienfaisantes;

4°. Considérant que de telles loix ne peuvent être faites qu'au sein même de cette isle, d'abord en raison de la différence du climat, de la population, des mœurs et des habitudes, et ensuite, parceque ceux-là seulement qui ont intérêt à la loi, peuvent la délibérer et la consentir;

---

(1) Voici une pièce qui prouve bien évidemment l'esprit d'indépendance des colons. Le 9me, considérant, ne laisse aucun doute là-dessus : l'article 1er. et 4e. de l'arrêté confirme encore cette vérité.

5°.

5°. Considérant que l'assemblée nationale ne pourroit décréter les loix concernant le régime intérieur de Saint-Domingue, sans renverser les principes qu'elle a consacrés par ses premiers décrets, et notamment, par sa déclaration des droits de l'homme ;

6°. Considérant que les décrets émanés de l'assemblée de représentans de la partie françoise de Saint-Domingue ne peuvent être soumis à d'autre sanction qu'à celle du roi parce qu'à lui seul appartient cette prérogative inhérente au trône, et que nul acte, suivant la constitution françoise, ne peut en être dépositaire ;

7°. Considérant que conséquemment, le droit de sanctionner ne peut être accordé au gouverneur général, étranger à cette contrée et n'y jouissant que d'une autorité précaire et subordonnée ;

8°. Considérant que ce qui concerne les rapports commerciaux et les autres rapports communs entre Saint-Domingue et la France, d'après le vœu, les besoins et le consentement des deux parties contractantes ;

9°. Considérant que tous décrets qui auroient pu être rendus par l'assemblée nationale et qui contrarieroient les principes qui viennent d'être exposés, ne sauroient lier Saint-Domingue qui n'a point été consulté et n'a point consenti à ces mêmes décrets (1) ;

10°. Considérant enfin que l'assemblée nationale, si constamment attachée aux principes de justice, et qui vient de manifester le désir d'assurer la prospérité des isles françoises de l'Amérique, n'hésitera pas à reconnoître les droits de Saint-Domingue par un décret solemnel et authentique ;

11°. L'assemblée générale, après avoir mûrement délibéré

(1) Peut-on douter de l'esprit d'indépendance des assemblées coloniales, d'après cet article ?

dans ses séances des 22, 26, 27 et de ce jour, a décrété et décrète ce qui suit, à l'unanimité des membres.

ARTICLE I.

Le pouvoir législatif en ce qui concerne le régime intérieur de Saint-Domingue, réside dans l'assemblée de ses représentans, constituée *en assemblée générale de la partie de Saint-Domingue.*

II.

Aucun acte législatif, en ce qui concerne le régime intérieur, ne pourra être considéré comme loi définitive, s'il n'est fait par les représentans de la partie françoise de Saint-Domingue librement et légalement élus, et s'il n'est sanctionné par le roi (1).

III.

Tout acte législatif, fait par l'assemblée générale dans les cas de nécessité urgente, en ce qui concerne le régime intérieur, sera considéré comme loi provisoire; et dans ce cas, le décret sera notifié au gouverneur général, qui dans les dix jours de la notification, le fera promulguer et tiendra

---

(1) En faut-il davantage pour prouver les vues des colons blancs et de l'assemblée coloniale de Saint-Domingue? mais ce que l'on ignore encore, c'est que le plan qu'on vient de lire dans cet article n'a jamais été abandonné par l'assemblée coloniale, qui a succédé à celle de Saint-Marc; car l'assemblée du cap, après le décret du 24 septembre 1792, s'empressa de faire une constitution clandestine pour les colonies, laquelle constitution fut remise à deux membres de cette assemblée pour être portée à la sanction du roi; mais à leur arrivée à Paris, ils trouvèrent le moment peu propice, car déjà tous les esprits étoient convaincus des trahisons de la cour, et les événemens qui ont suivi, ont fait rentrer cette constitution coloniale dans le néant. Voilà pourtant ces hommes qui paroissent vouloir tant la constitution républicaine.

la main à son exécution, ou remettra à l'assemblée générale ses observations sur le contenu audit décret.

I V.

L'urgence qui déterminera l'exécution provisoire, sera décidée par un décret séparé, qui ne pourra être rendu qu'à la majorité des deux tiers des voix prises par l'appel nominal.

V.

Si le gouverneur général remet des observations, elles seront aussitôt inscrites sur le registre de l'assemblée générale : il sera alors procédé à la révision du décret d'après ces observations. Le décret et les observations seront livrés à la discussion dans trois séances différentes. Les voix seron données par *oui* ou par *non*, pour maintenir ou annuller le décret. Le procès-verbal de la délibération sera signé par tous les membres présens, et désignera la quantité de voix qui auront été pour l'une ou pour l'autre opinion. Si les deux tiers des voix maintiennent le décret, il sera promulgué par le gouverneur général et exécuté sur-le-champ.

V I.

La loi devant être le résultat du consentement de tous ceux pour qui elle est faite, la partie françoise de Saint-Domingue proposera ses plans, concernant ses rapports commerciaux et autres rapports communs, et les décrets qui seront rendus à cet égard par l'assemblée nationale ne seront exécutés dans la partie françoise de Saint-Domingue, que lorsqu'ils auront été consentis par l'assemblée générale de ses représentans (1).

(1) Cet article décèle l'indépendance, où les colons vouloient arriver, en subordonnant les loix de la Convention aux leurs.

VII.

Ne sont pas compris dans la classe des rapports communs avec la France, les objets de subsistance que la nécessité forcera d'introduire ; mais les décrets rendus à cet égard par l'assemblée générale seront aussi soumis à sa revision, si le gouverneur général présente des observations sur le contenu audit décret dans le délai fixé par l'article trois ; et seront au surplus observées les formalités prescrites par l'article cinq.

VIII.

Tout acte législatif fait par l'assemblée générale et exécuté provisoirement dans le cas de nécessité urgente, n'en sera pas moins envoyé sur-le-champ à la sanction royale, et si le roi refuse son consentement audit acte, l'exécution en sera suspendue aussitôt que ce refus sera légalement manifesté à l'assemblée générale.

IX.

Chaque législature de l'assemblée générale sera de deux ans, et le renouvellement des membres à chaque législature sera fait en totalité.

X.

L'assemblée générale décrète que les articles ci-dessus, comme faisant partie de la constitution de la partie françoise de Saint-Domingue, seront incessamment envoyés en France, pour être présentés à l'acceptation de l'assemblée nationale et du roi. Seront en outre envoyés aux paroisses de la partie françoise de Saint-Domingue et notifiés au gouverneur général.

Certifié conforme à l'original, *signé*, de Grandchamp.

Signés, Desroyandieres, président; le marquis de Cadusch, vice-président; Brulley, Legrand, Millet et Hubert.

Extrait mot-à-mot et pour copie conforme à l'original qui nous a été remis.

BRAQUEHAIS.

En mettant au jour ma correspondance, j'ai promis, 1°. que dans tous mes écrits privés et publics, loin d'avoir provoqué les citoyens de couleur à prendre les armes contre les colons blancs (comme m'en ont accusé MM. Page et Brulley) je n'ai cessé au contraire de les exhorter à la paix, à la patience et à l'obéissance aux décrets nationaux; qu'en effet les hommes de couleur ont tout souffert et ont toujours su contenir leur ressentiment, pour ne pas entraîner la colonie à sa perte.

2°. Que les premiers germes des troubles de Saint-Domingue y ont été portés par une lettre des colons députés à l'assemblée constituante, lettre écrite de Versailles en août 1789; que ces premiers troubles n'ont commencé que par les différends qui se sont élevés entre les blancs eux-mêmes et par leur peu de politique et de précaution à l'égard de leurs esclaves; qu'à cette époque les citoyens de couleur demandoient avec soumission aux différentes assemblées de paroisses, de participer à la régénération des François; qu'ils furent indignement traités pour y avoir prétendu.

3°. Que les colons blancs et les différentes assemblées coloniales, depuis la révolution, n'ont cessé de vexer et tyranniser les citoyens de couleur. Que ces mêmes assemblées coloniales se sont toujours opposées par les moyens les plus violens à l'exécution des décrets nationaux qui accordoient aux citoyens de couleur la jouissance des droits que la nature d'accord avec les loix leur donnoient.

Que les députations des parties du nord et de l'ouest à l'assemblée coloniale, vouloient lui faire prendre un arrêté pour faire égorger tous les citoyens de couleur. Que cette motion violemment appuyée par ces deux députations, n'a été adoucie que par les craintes qu'a fait naître la députation du sud, de pousser ces hommes à bout, étant en bien plus grand nombre que les blancs.

4°. Que les premiers assassinats commis à Saint-Domingue, l'ont été par les blancs sur leurs semblables et ensuite sur les hommes de couleur ; que le général Blanchelande d'accord avec l'assemblée coloniale du Cap, faisoit sans cesse les proclamations les plus incendiaires et les plus virulentes contre les citoyens de couleur ; que Blanchelande et cette même assemblée coloniale du Cap se sont opposés à la loi du 15 mai ; qu'ils ont osé faire des menaces de sacrifier la colonie, plutôt que de s'y soumettre ; que Blanchelande et l'assemblée du Cap par les mensonges et les intrigues les plus noires, ont cherché à faire dévaster les propriétés des gens de couleur qui défendoient en France la cause de leurs frères.

5°. Que ce n'est que la mauvaise foi, l'orgueil et les vues criminelles d'indépendance des colons blancs endettés, ruinés et contre-révolutionnaires, leur refus d'obéir aux décrets nationaux, en se permettant enfin de vouloir interpréter les décrets du 24 mars 1790, qu'ils ont conduit la colonie à l'état malheureux où elle se trouve.

6°. Que l'assemblée coloniale du cap a appellé les Anglois dans la colonie ; qu'elle s'est parée des couleurs de cette nation à l'époque du refus qu'elle faisoit d'obéir à la loi du 15 mai (1).

Que les hommes de couleur au contraire n'ont cessé de manifester leurs vœux pour rester inviolablement attachés à la France, de se soumettre avec résignation à tous les décrets

---

[illegible] Voyez les différens rapports faits à l'assemblée et même celui du citoyen [illegible]bé.

nationaux, de ne reconnoître d'autre autorité que celle de l'assemblée nationale et de se dévouer en entier au salut de la patrie qui les régénéroit ; qu'ils ont donné plusieurs fois des preuves de ce dévouement, notamment après la journée du 22 décembre 1792, après avoir été attaqués et fusillés au cap à l'improviste par les blancs. Le lendemain ils ont volé pour combattre les révoltés qui marchoient sur le Cap, et que les blancs ont refusé d'y marcher (1).

Finalement, de faire observer que les citoyens de couleur, toujours de bonne foi, se sont empressés plusieurs fois de venir jurer aux représentans du peuple, qu'ils oublioient toute haine et tout ressentiment contre les colons blancs, pour ne s'occuper que du salut de la chose publique ; que tous mes écrits ne leur prêchoient que cette morale ; que les hommes de couleur dans les colonies ont pris d'eux-mêmes une infinité d'arrêtés tous tendant à prouver leurs intentions à ce sujet, ce que les colons blancs n'ont jamais fait.

Que les citoyens de couleur, quoique moins riches que les colons blancs, oubliant leurs pertes et leurs malheurs, ont offert à la nation un don patriotique qui se fût effectué depuis longtems, sans toutes les entraves qu'ont apportées les blancs en empêchant toute espèce de communication entre les citoyens de couleur.

Que les hommes de couleur enfin ont formé entr'eux en France un corps de troupes pour voler au secours de nos frontières dans un moment pressé ; que ceux que leur âge empêchoit de suivre un si beau mouvement, ont contribué par des dons patriotiques à la formation de ce corps qui sert avec distinction en ce moment dans la Vendée ; que les colons blancs au contraire n'ont cherché sous différens prétextes,

(1) Voyez la relation de ce fait déposé au comité de marine.

qu'à tirer des sommes immenses de la nation (1) sans jamais venir à son secours, ni en hommes, ni en argent. Ils ont même refusé de faire le sacrifice de leur orgueil qui eût sauvé les colonies.

(1) On peut se rappeller combien de fois les colons blancs sont venus faire des demandes d'argent aux assemblées nationales.

A PARIS, de l'Imprimerie du Cercle Social, rue du Théâtre-François, n°. 4.

www.ingramcontent.com/pod-product-compliance
Ingram Content Group UK Ltd.
Pitfield, Milton Keynes, MK11 3LW, UK
UKHW020226220726
13923UKWH00002B/545

9 782016 146781